AF331109

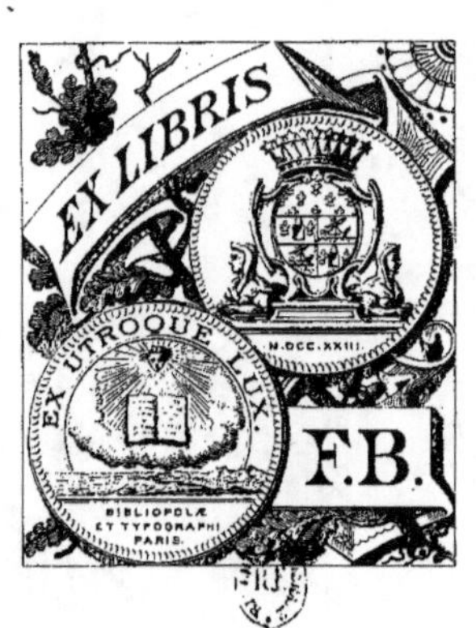
EX LIBRIS
EX UTROQUE LUX
M·DCC·XXIII
F.B.
BIBLIOPOLÆ
ET TYPOGRAPHI
PARIS.

ATLAS
DU TABLEAU HISTORIQUE
ET PITTORESQUE
DE PARIS.

Première Livraison. — Vingt-six planches.

N. B. *La seconde Livraison contiendra 44 planches.*

PARIS,

LIBRAIRIE DE CHARLES GOSSELIN, RUE DE SEINE, N° 12.

M DCCC XXII.

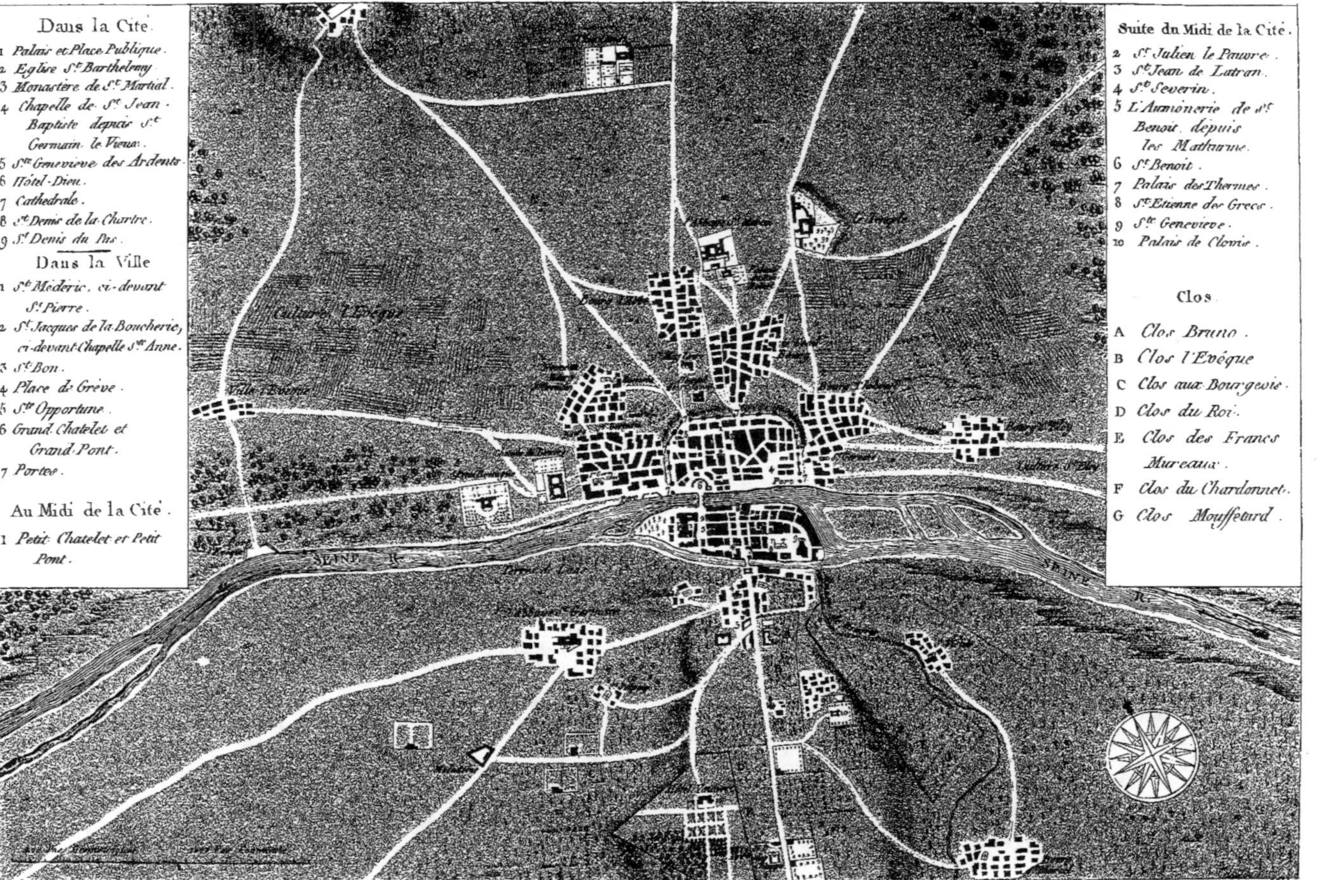

1er PLAN DE LA VILLE DE PARIS. Son étendue, les Bourgs et Cultures dont elle étoit environnée sous le Regne de LOUIS VII, dit le jeune.

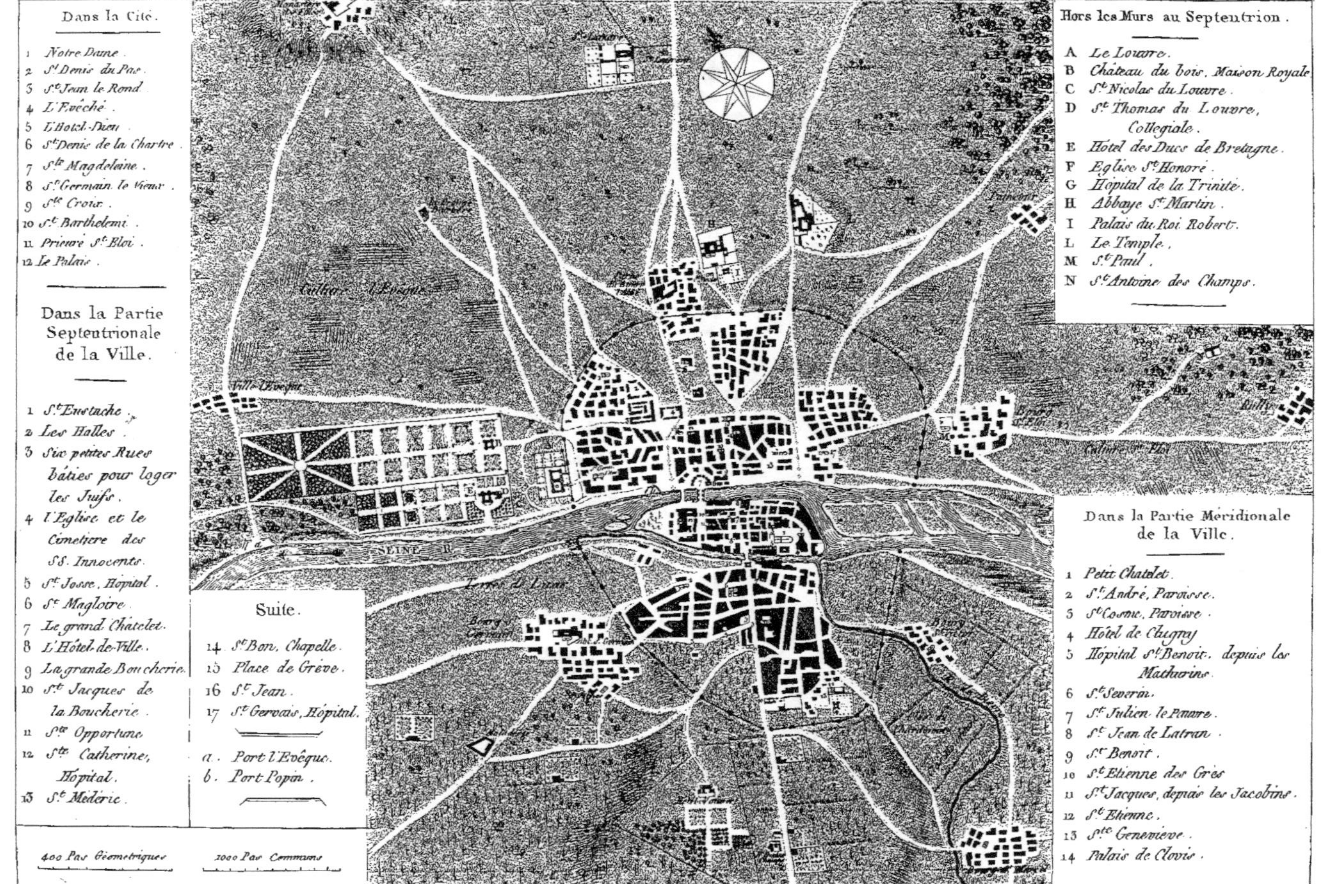

DEUXIEME PLAN DE LA VILLE DE PARIS, son accroissement et l'état ou elle étoit sous PHILIPPE AUGUSTE.

5e PLAN DE LA VILLE DE PARIS, son accroissement et sa clôture commencée sous CHARLES V, en 1367, terminée sous CHARLES VI, en 1383.

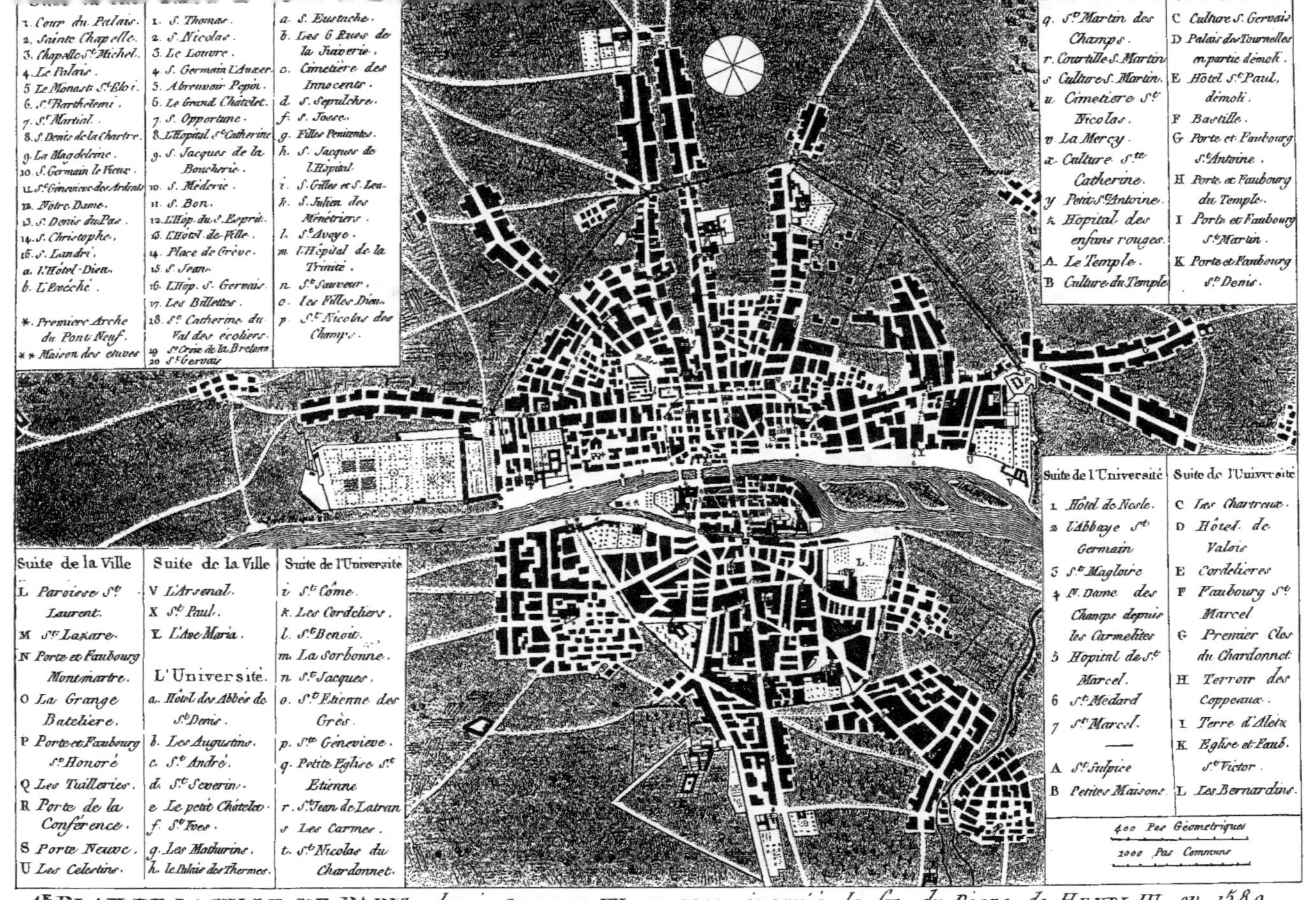

4.E PLAN DE LA VILLE DE PARIS depuis CHARLES VII en 1412, jusqu'à la fin du Regne de HENRI III en 1589.

5e. PLAN DE LA VILLE DE PARIS, sous HENRI III et LOUIS XIII, depuis 1589, jusqu'en 1643.

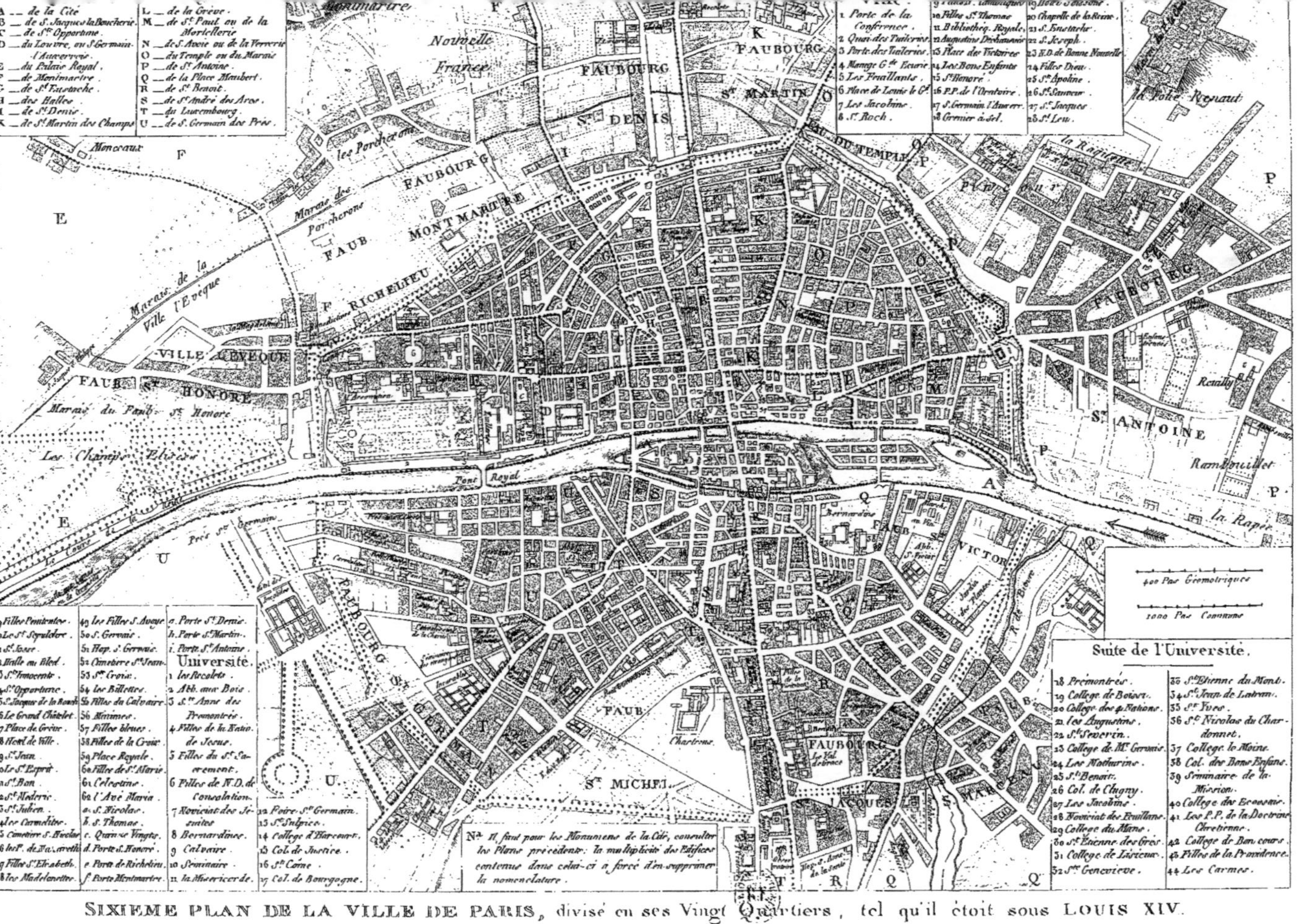

SIXIEME PLAN DE LA VILLE DE PARIS, divisé en ses Vingt Quartiers, tel qu'il étoit sous LOUIS XIV.

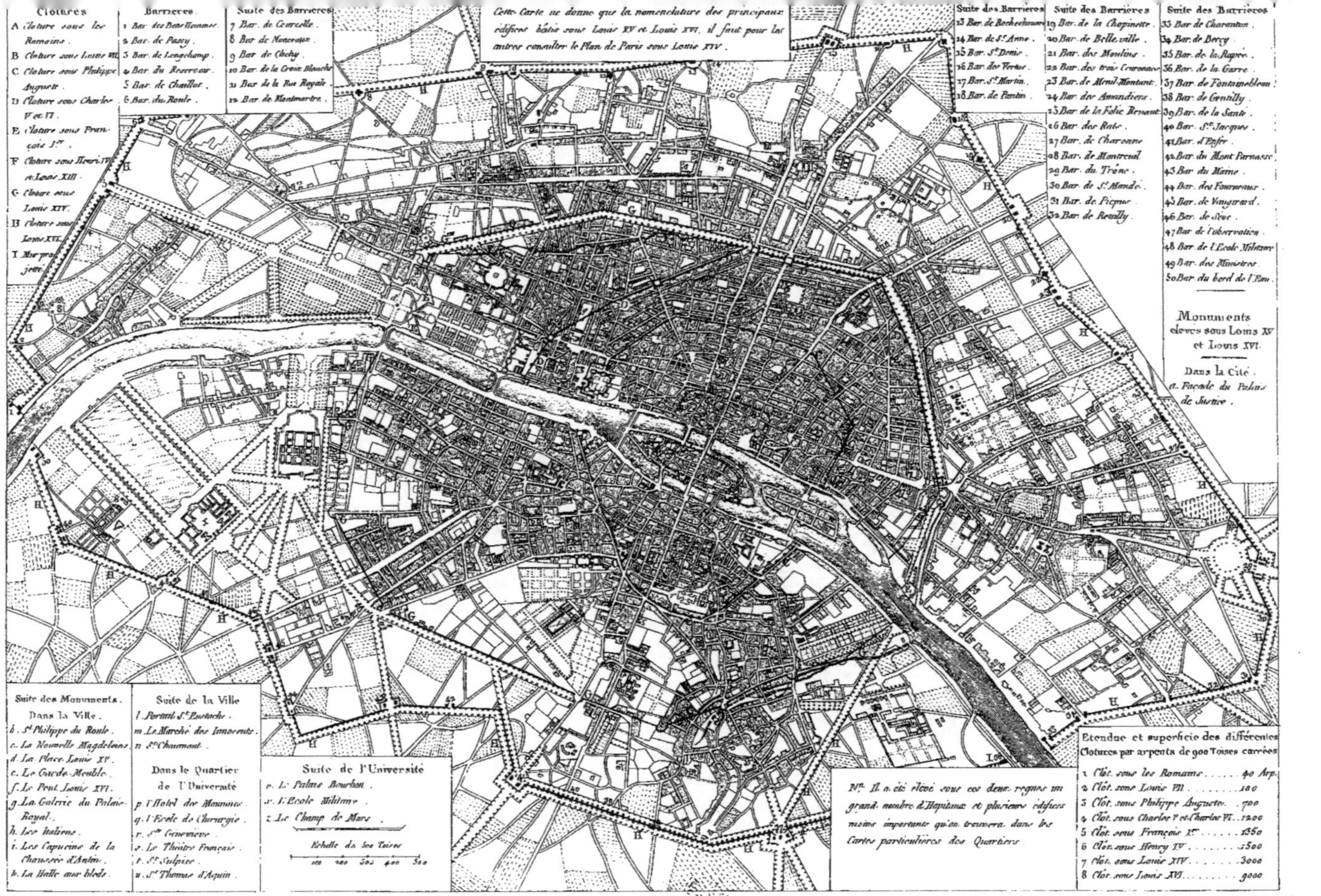

7ᵉ. PLAN DE LA VILLE DE PARIS, avec ses diverses enceintes depuis son origine, sa dernière enceinte et toutes ses barrières sous LOUIS XVI.

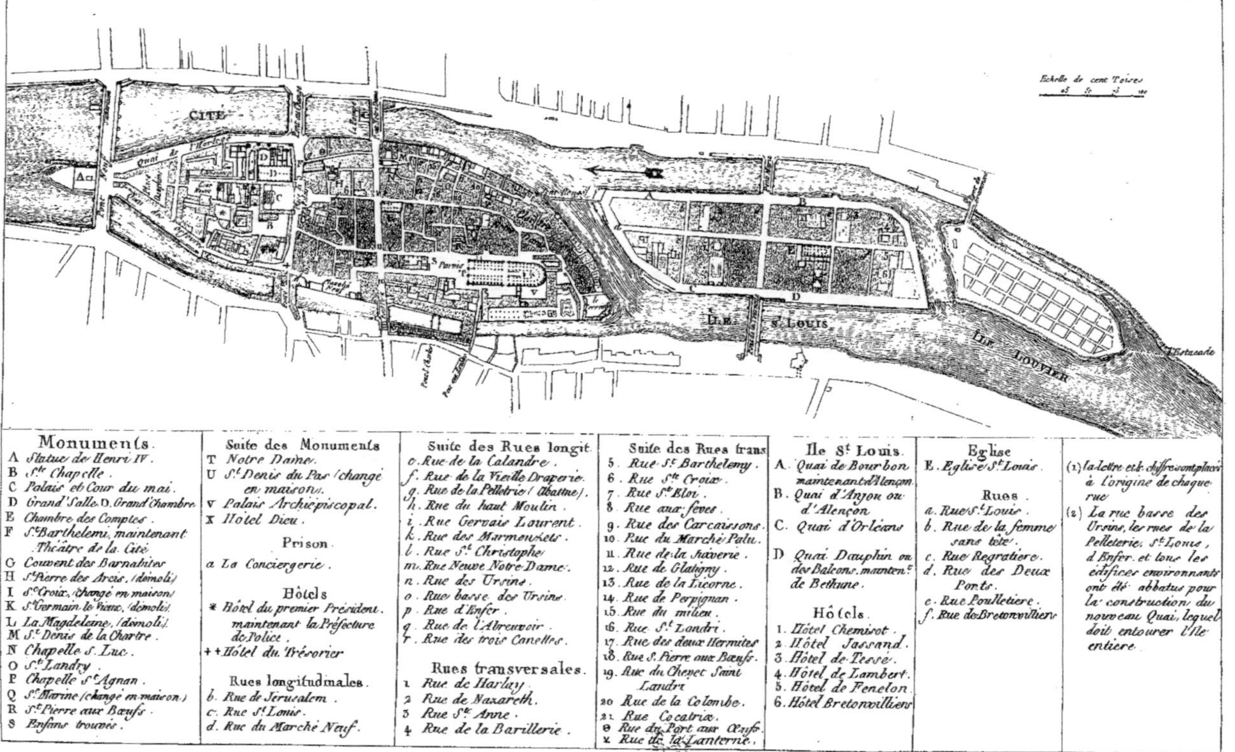

PLAN DU QUARTIER DE LA CITÉ.

VUE DU PONT NEUF ET DE LA CITÉ, prise de la Galerie d'Apollon.

VUE de la PLACE DAUPHINE prise du côté du Pont Neuf.

VUE DE LA SAINTE CHAPELLE, prise du côté de la Cour.

VUE du PALAIS de JUSTICE prise du côté de la Place.

Vue de la GRAND' SALLE du PALAIS de JUSTICE.

VUE DE L'ANCIEN ÉDIFICE de la Chambre des Comptes bâti sous LOUIS XI et brulé le 27 Octobre 1737.

VUE de l'Eglise de Sᵗᵉ GÉNEVIÈVE des ARDENTS, détruite en 1747.

Vue extérieure de l'ÉGLISE de NOTRE-DAME

VUE INTÉRIEURE de L'EGLISE de NOTRE-DAME en 1789.

VUE de l'ARCHEVÊCHÉ prise de la rive méridionale.

VUE de l'Ancienne **FAÇADE** de **L'HOTEL-DIEU**.

VUE de l'Ancien **ARCHEVÊCHÉ**.

VUE de l'HÔTEL-DIEU, prise du Petit-Pont.

VUE du PONT-AU-CHANGE, prise du Pont Notre Dame.

VUE du PONT NOTRE DAME prise du Pont au Change.

VUE de L'ÎLE SAINT LOUIS prise du Port au bled.

VUE INTÉRIEURE de l'Église SAINT LOUIS.

Samaritaine.

Statue équestre d'Henri IV

Portail de la S.te Chapelle.

Monument du Pont-au-Change.

Pyramide de Jean Chatel

S.t Denis de la Chartre.

S.t Landry.

S.t Pierre aux Bœufs.

Intérieur de l'Hôtel Lambert.

PLANCHES

CONTENUES DANS LA PREMIÈRE LIVRAISON.

IMPRIMERIE DE COSSON.

ATLAS

DU TABLEAU HISTORIQUE

ET PITTORESQUE

DE PARIS.

Seconde Livraison. — Quarante-quatre planches.

PARIS,

LIBRAIRIE CLASSIQUE-ÉLÉMENTAIRE, RUE DU PAON, N° 8.

M DCCC XXII.

VUE GÉNÉRALE de PARIS, prise de Ménil-Montant.

Monuments.

A Le grand Châtelet.
B La grande Boucherie.
C St Jacques de la Boucherie.
D L'Hôpital Ste Catherine.
E St Josse.
F Le St Sépulchre.
G Les Filles St Magloire.
H St Leu.
I Bureau des Merciers.

Rues Longitudinales.

a. Rue St Leufroi.
a.* Rue de la Jouaillerie.
b. Rue St Jerome.
c. Rue de la Vieille Tannerie.
dd. Rue St Denis.
e. Rue de la Savonnerie.
f. Rue du Crucifix.
g. Rue de Marivaux.
h. Rue de la Vieille Monnoie.
i. Rue Trognon.
k. Rue des cinq Diamants.
l. Rue des trois Maures.
m. Rue Quinquempoix.
n. Rue Salle au Comte.

Rues Transversales.

1   Rue de la Triperie.
2   Rue du pied de Bœuf.
3   Rue de la Tuerie.
4   Rue de la Vieille Place aux Veaux.
5   Rue St Jacques de la Boucherie.
6   Rue d'Avignon.
7   Rue des Ecrivains.
8   Rue de la Haumerie.
9   Petite Rue de Marivaux.
10 Rue des Lombards.
11 Rue Trousse-Vache.
12 Rue Ogniard.
13 Rue Aubri le Boucher.
14 Rue de Venise.
15 Rue St Magloire.

AA Quai de Gesvres.

Culs-de-Sac

o C. du Chat Blanc.
p C. de la Haumerie.
q C. des Vieilles Etuves.
r C. St Fiacre.
s C. de Venise.
t C. de Beaufort.

Nª La partie du Châtelet qui étoit entre la rue St Leufroi et celle de la Jouaillerie, forme maintenant une place nommée place du Châtelet. la rue du pied de Bœuf est fermée et celle de la Tuerie a repris son ancien nom de la Vieille Lanterne.

Nª La Lettre et le Chiffre sont placés à l'origine de chaque rue.

Echelle de cent Toises

PLAN DU QUARTIER St JACQUES DE LA BOUCHERIE

VUE de la TOUR de Sᵗ Jacques de la Boucherie, prise du coté de la Rue Sᵗ Martin.

St Jacques de la Boucherie.

St Sépulchre.

St Magloire.

Le Grand Châtelet.

St Leu

Monuments.

A. Le Fort l'Evêque.
B. Les Freres Tailleurs.
C. Chapelle des Orfevres.
D. Grenier à Sel.
F. Ancien Hôtel de la Monnoie.
E. Maison de la Couronne d'Or.
G. S.te Opportune.
HH. Quai de la Megisserie

Rues Longitudinales.

a. Rue S.t Germain l'Auxerrois
b. Rue des trois Visages.
c. Rue du Chevalier du Guet.
d. Rue Jean Lantier
e. Rue Pervin Gasselin
f. Rue Béthisi
g. Rue des deux Boules
h. Rue des mauvaises Paroles
i. Rue du Plat d'étain
k. Rue des Fourreurs
l. Rue de la Tabletterie
m. Rue S.t Honoré
n. Rue de la Limace
o. Rue de la Feronnerie
p. Rue de l'Aiguillerie
q. Rue Courtalon

Rues Transversales

1. Rue de l'Arche Marion.
2. Rue des trois Fuseaux.
3. Rue des Quenouilles.
4. Rue de l'Abreuvoir Popin.
5. Rue de la Sonnerie.
6. Rue Thibauld-aux-Dés
7. Rue Bertin Poirée
8. Rue des Orfevres
9. Rue des Lavandieres.
10. Ruelle des trois Poissons.
11. Rue Tirechappe.
12. Rue des Bourdonnois.
13. Rue des Dechargeurs.
14. Rue de la vieille Harangerie

Culs-de-Sacs

ab. Cul de Sac de la Fosse aux Chiens.
bc. Cul de Sac Rollin-prend-gage.
* Cloitre S.te Opportune.
× Place du Chevalier du Guet.

N.a La Lettre et le chiffre sont placés à l'origine de chaque rue.

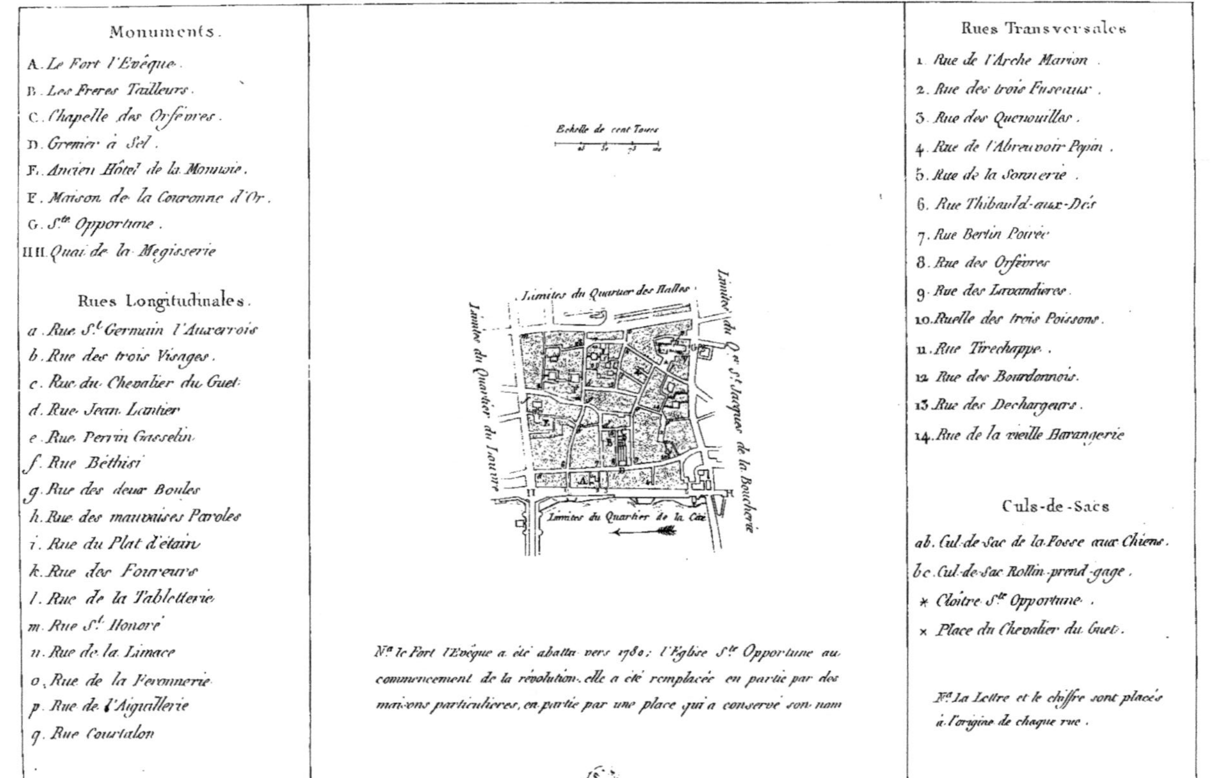

N.a le Fort l'Evêque a été abattu vers 1780: l'Eglise S.te Opportune au commencement de la révolution. elle a été remplacée en partie par des maisons particulieres, en partie par une place qui a conservé son nom

PLAN DU QUARTIER S.te OPPORTUNE.

MAISON de la COURONNE D'OR, Rue des Bourdonnois.

S.te Opportune.

Façade du Bureau des Marchands Drapiers.

Monuments

A. Le Louvre.
B. St Honoré.
C. Église et Maison de l'Oratoire.
D. St Germain l'Auxerrois.
*. Jardin de l'Infante.

Places.

E. Place du Vieux Louvre.
F. Place du Louvre.
G. Place de l'École.
H. Place des trois Maries.
I. Cloître St Honoré.
K. Cloître St Germain l'Auxerrois.

Quais.

L. Quai du Louvre.
M. Quai de l'École.

Hôtels.

O. Hôtel d'Aligre.
P. Hôtel d'Angivillier.
Q. Poste aux-Chevaux.

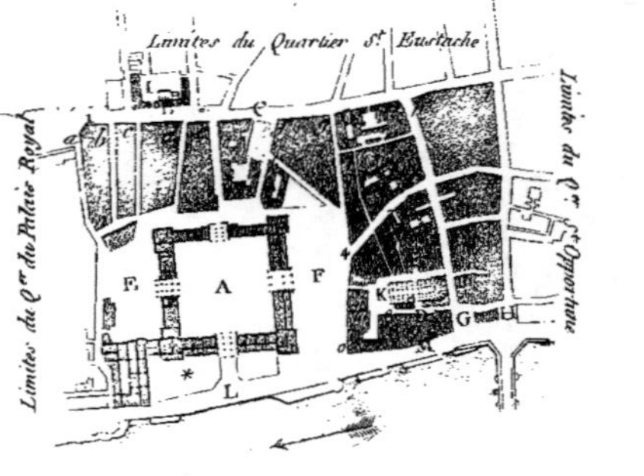

Nª. Le Cloître St Germain l'Auxerrois a été ouvert au commencement de la Révolution et forme maintenant une Place qui a conservé le même nom.

La Lettre et le Chiffre sont placés à l'origine de chaque rue.

Rues Longitudinales

a. Rue Froi-Manteau.
b. Rue Jean St Denis.
c. Rue du Chantre.
d. Rue Champ-Fleuri.
e. Rue du Coq.
f. Rue de l'Oratoire.
g. Rue des Poulies.
h. Rue de l'Arbre-Sec.
i. Rue du Roule.
k. Rue d'Anginillier.
l. Rue Jean-Tison.
m. Rue du demi-Saint.
n. Rue de la Monnoie.
o. Rue du Petit Bourbon.

Rues Transversales

1. Partie de la Rue St Honoré.
2. Rue de Beauvais.
3. Rue Bailleul.
4. Rue des Fossés St Germain l'Auxerrois.
5. Rue Baillet.
6. Rue des Prêtres St Germain l'Auxerrois.

Culs-de-Sacs

7. Cul-de-Sac de Sourdis.
8. Cul-de-Sac de la Petite Bastille.
9. Cul-de-Sac du Court-Bâton.
10. Cul-de-Sac des Provençeaux.
11. Cul-de-Sac de la Treille.

PLAN DU QUARTIER DU LOUVRE

VUE EXTÉRIEURE de l'Eglise de **SAINT** GERMAIN L'AUXERROIS.

VUE INTÉRIEURE de l'Eglise de SAINT GERMAIN L'AUXERROIS.

VUE du LOUVRE tel qu'il étoit sous *PHILIPPE-AUGUSTE*.

Vue extérieure du **LOUVRE** depuis *FRANÇOIS Ier* jusqu'à *LOUIS XIII*, prise du fossé de la porte de Nesle.

Vue **INTÉRIEURE** du **VIEUX LOUVRE** construit par *FRANÇOIS IER, HENRI II et LOUIS XIII*

Vue de la **FAÇADE** extérieure du **VIEUX LOUVRE**

FAÇADE principale du LOUVRE projettée par le Bernin

VUE extérieure du LOUVRE sous *FRANÇOIS I.ᵉʳ* (côté des Tuileries)

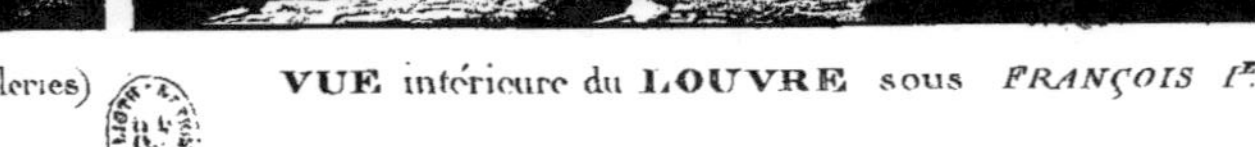

VUE intérieure du LOUVRE sous *FRANÇOIS I.ᴇʀ*

Vue de la **COLONNADE** du **LOUVRE** telle qu'elle étoit en 1789.

Vue de la **FAÇADE** extérieure du **LOUVRE** (côté de la Rue du Coq)

Vue extérieure de la **FAÇADE** du **LOUVRE** (Côté de la rivière).

Vue de la **FAÇADE** intérieure du **LOUVRE** (côté de la Colonnade).

ENTRÉE du Louvre (côté du Nord)

ENTRÉE du Louvre (côté du Midi)

ENTRÉE du Louvre (côté de l'Est)

ENTRÉE du Louvre (côté de l'Ouest)

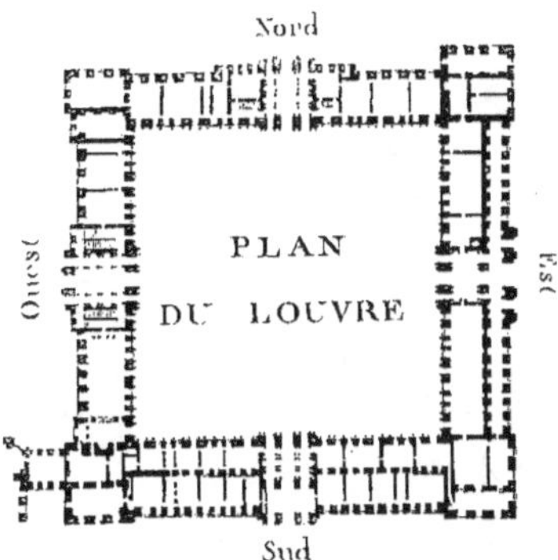

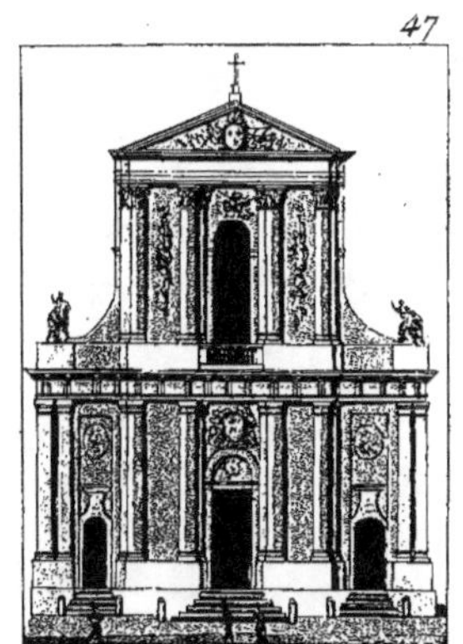

Portail de l'Oratoire.

St. Honoré

Portail de St Germain l'Auxerrois.

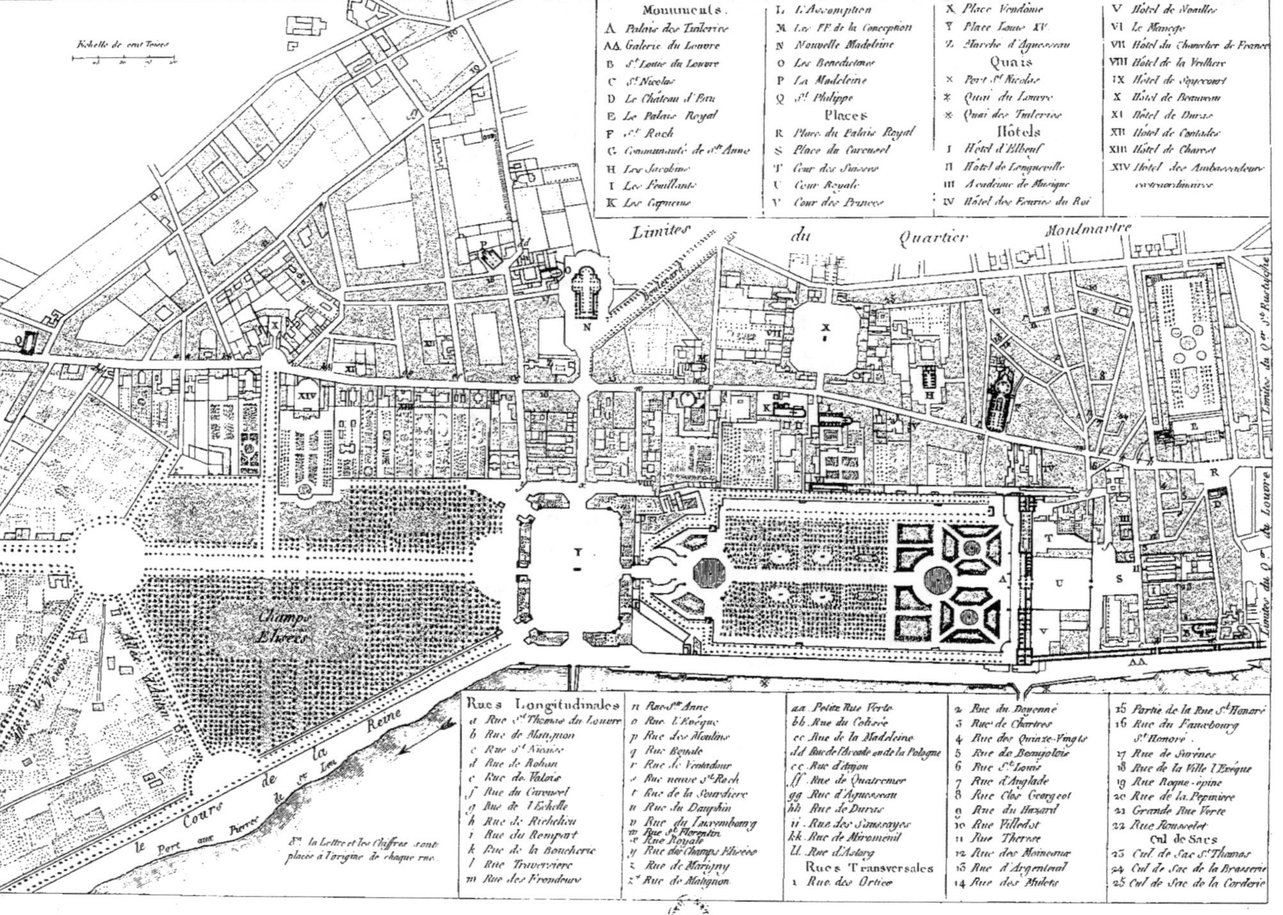

PLAN DU QUARTIER DU PALAIS ROYAL. (1re Partie)

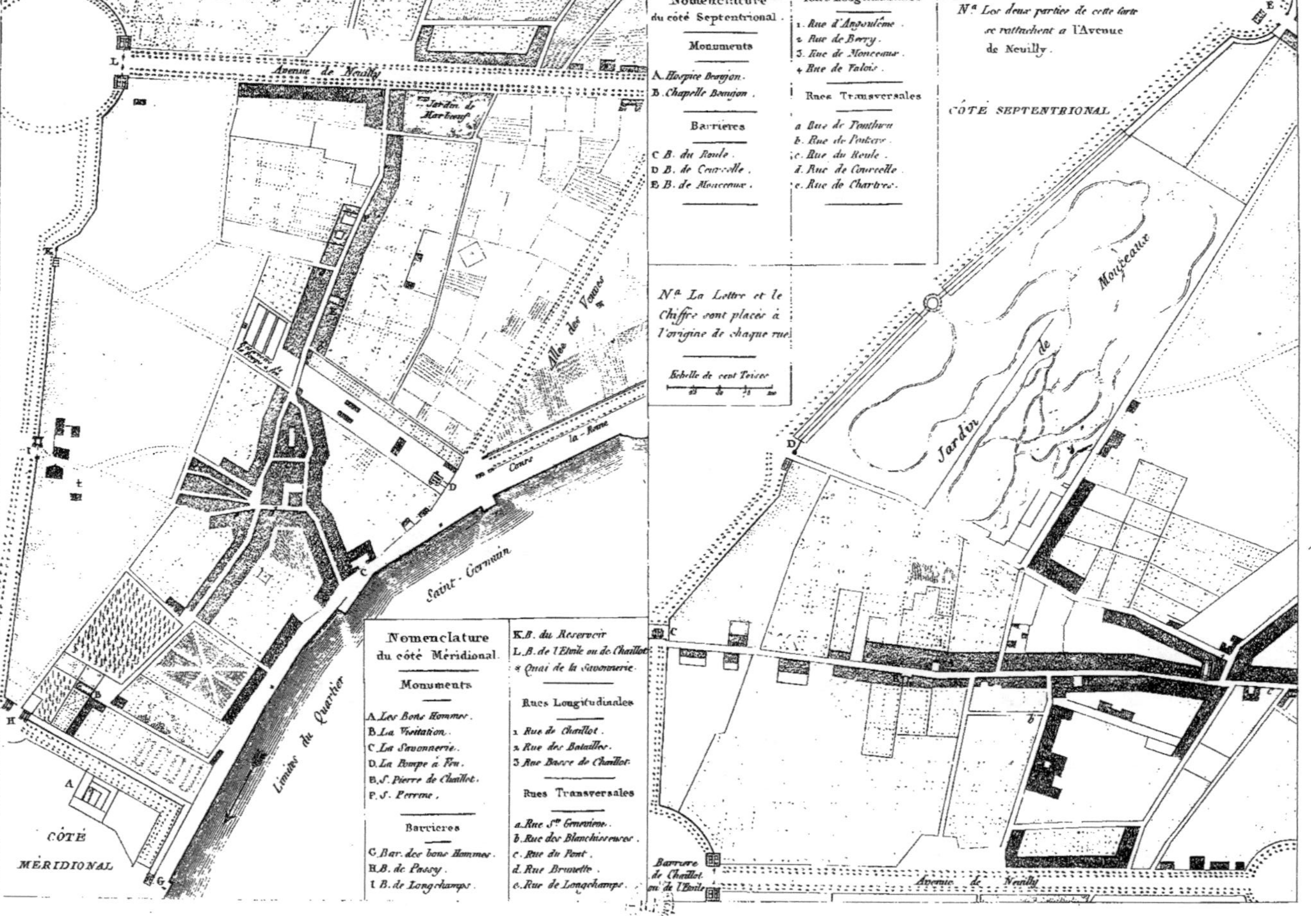

PLAN DU QUARTIER DU PALAIS ROYAL. (2e Partie).

VUE du PALAIS ~ CARDINAL (du côté du Jardin)

VUE de la **NOUVELLE FAÇADE** du **PALAIS ROYAL** bâtie en 1763.

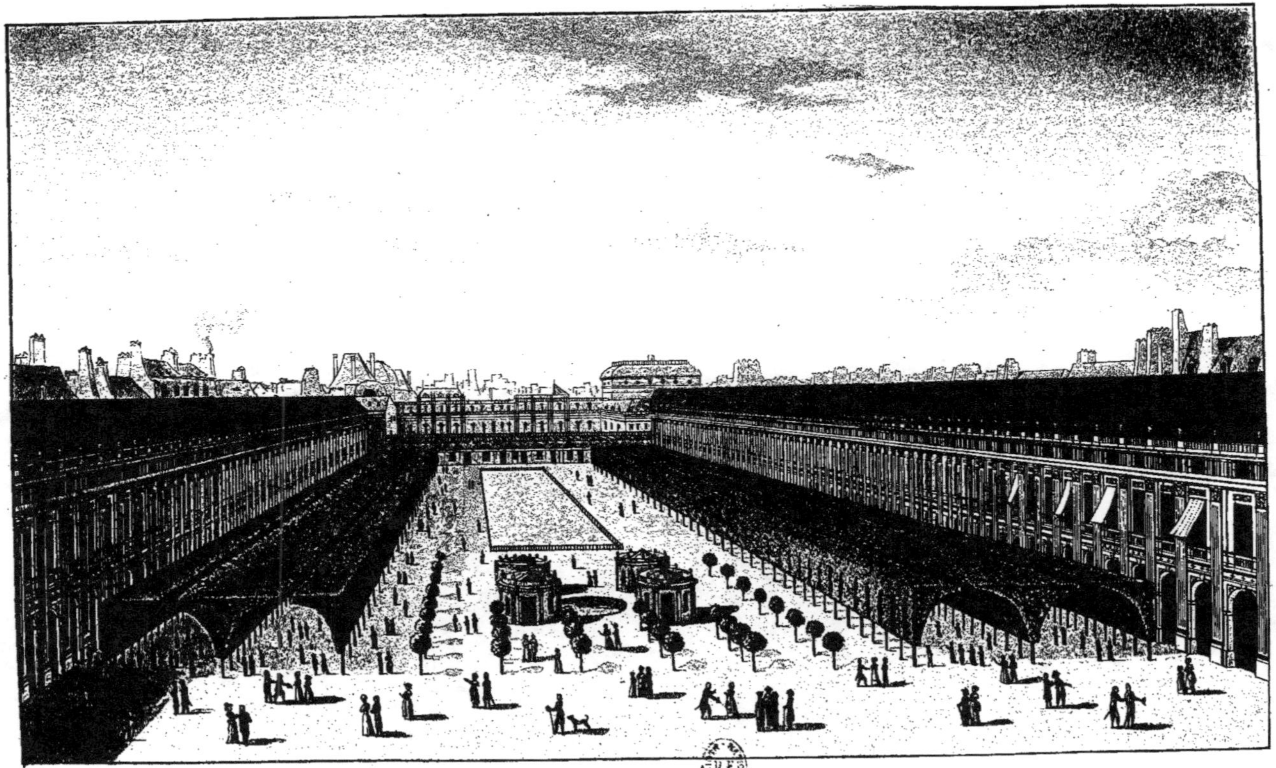

VUE DES GALERIES DU PALAIS ROYAL en 1789.

VUE du PALAIS des TUILERIES, (du côté du Jardin.)

VUE DU PALAIS DES TUILERIES, prise du côté de la cour.

VUE EXTÉRIEURE de la GRANDE GALERIE du Louvre en 1789.

VUE du JARDIN des TUILERIES du côté du PONT-TOURNANT.

VUE extérieure de l'Église SAINT-ROCH.

VUE INTÉRIEURE de l'Église S.ᵗ ROCH.

VUE de la **PLACE VENDÔME** en 1789.

VUE de la **PLACE** de *LOUIS QUINZE* en 1789.

VUE des CHAMPS-ELYSÉES en 1789.

VUE de la NOUVELLE EGLISE de la MAGDELEINE

VUE de la Nouvelle EGLISE de SAINT PHILIPPE du ROULE.

VUE INTÉRIEURE de SAINT PHILIPPE du Roule

Hôpital des Quinze-Vingts.

St Louis du Louvre.

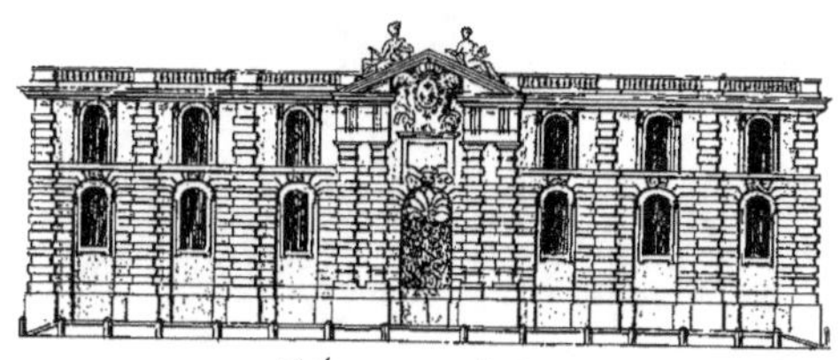

Château d'Eau.

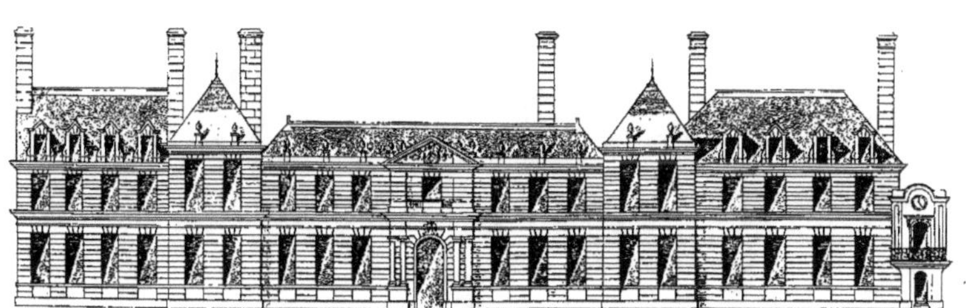

Ancienne Façade du PALAIS-ROYAL. (côté de la Place.)

Vue du Palais des Tuileries tel qu'il étoit avant *LOUIS XIV*,
prise de la rue qui le séparoit du Jardin

Pont Louis XVI.

Porte de la Conférence.

Porte Neuve.

Pompe à Feu.

Eglise et couvent des Feuillans.

Statue équestre de Louis XIV.

Statue équestre de Louis XV.

69

La Savonnerie.

Ancienne Eglise de St Jacques et St Philippe.

Ancienne Eglise de la Magdeleine.

Portail de la chapelle Beaujon.

Porte St Honoré sous Charles VI. — Porte St Honoré sous Louis XIII.

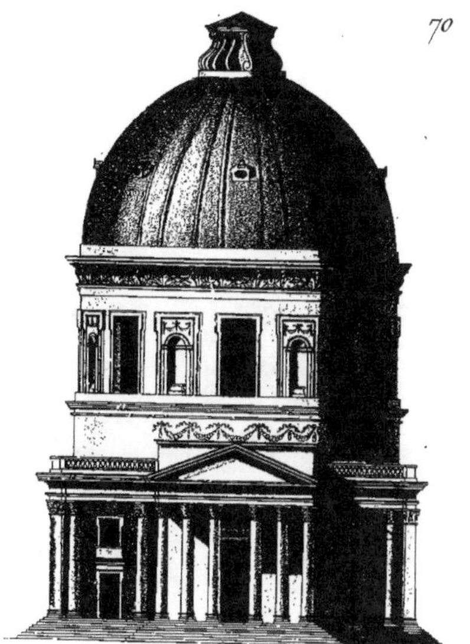

Église de l'Assomption.

Les Jardins Renard.

PLANCHES

CONTENUES DANS LA SECONDE LIVRAISON.

IMPRIMERIE DE COSSON.

ATLAS

DU TABLEAU HISTORIQUE

ET PITTORESQUE

DE PARIS.

Troisième Livraison. — Vingt-trois planches.

PARIS,

LIBRAIRIE CLASSIQUE-ÉLÉMENTAIRE, CHEZ LESAGE, RUE DU PAON, N° 8.

M DCCC XXII.

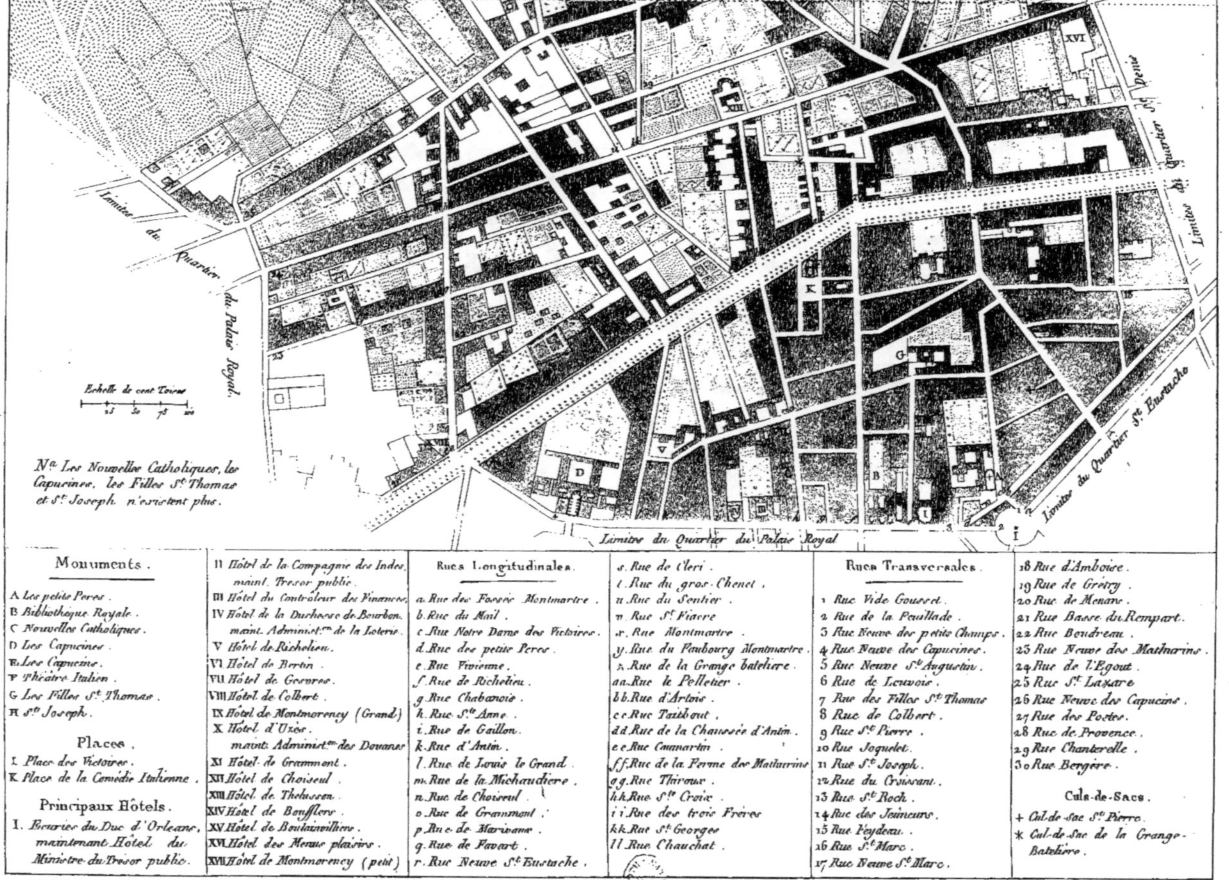

PLAN DU QUARTIER MONTMARTRE (1re Partie)

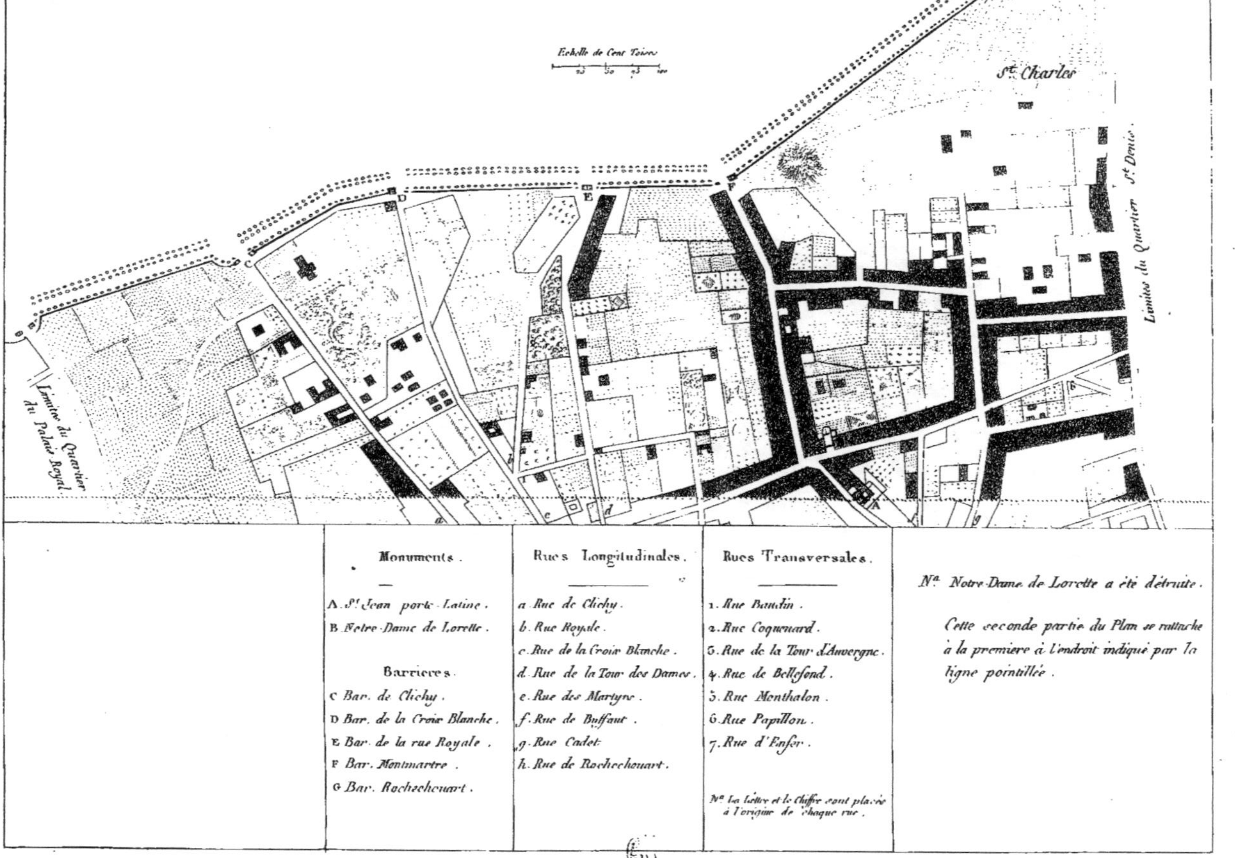

PLAN DU QUARTIER MONTMARTRE (2.me Partie)

VUE de la PLACE DES VICTOIRES en 1789.

Monument de la Place des Victoires.

VUE du THÉÂTRE ITALIEN.

VUE du **CLOÎTRE** des **CAPUCINS** de la Chaussée d'Antin

Porte Montmartre sous Charles VI.

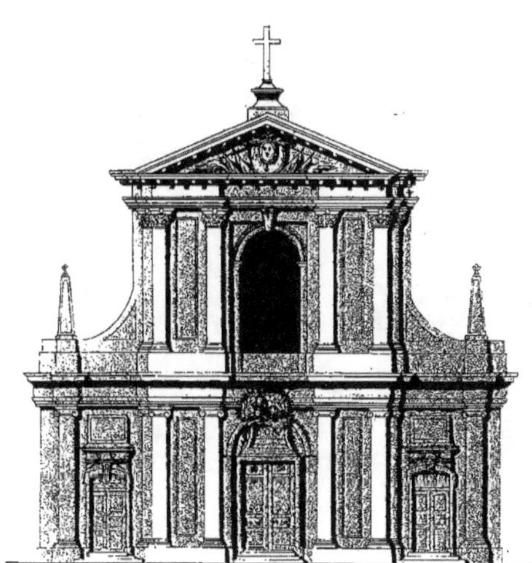

Portail de l'Eglise des Petits-Peres.

Portail de l'Eglise des Capucines.

Façade du Couvent des Capucins

Monuments.

A . Halle au Bled .
B . S.t Eustache .
C . Communauté de S.te Agnès .
D . Chapelle de la Jussienne .
E . Chapelle S.t Clair .

Hôtels .

F . Hôtel d'Aligre .
G . Hôtel des Fermes .
H . Hôtel de Bullion .
I . Hôtel Royal des Postes .
R . Hôtel de Charost .
L . Hôtel de Massiac .
M . Hôtel de Toulouse .

Rues Longitudinales .

a . Rue des Bons Enfants .
b . Rue de la Croix des Petits Champs .
c . Rue du Bouloi .
d . Rue de Grenelle .
e . Rue d'Orléans .
f . Rue des Vieilles Etuves .
g . Rue du Four .
h . Rue des Prouvaires .
i . Rue de Vannes .
k . Rue de Varennes .
l . Rue Babille .
m . Rue Mercier .
n . Rue de Sartine .

Suite des Rues Longitudinales .

o . Rue Oblin .
p . Rue de Viarmes .
q . Rue du Jour .
r . Rue Platrière .
s . Rue Coq-Héron .
t . Rue des Vieux Augustins .
u . Rue de la Vrillière .
v . Rue neuve des Bons Enfants .
x . Petite Rue de la Vrillière .
y . Rue de la Jussienne .
z . Rue Montmartre .

Rues Transversales .

1 . Rue du Pélican .
2 . Rue des deux Ecus .
3 . Rue Lenoir .
4 . Rue Trainée .
5 . Rue Coquillière .
6 . Rue Baillif .
7 . Rue du petit Reposoir .
8 . Rue Pagevin .
9 . Rue Soly .
10 . Rue Verderet .
11 . Rue Tiquetonne .
12 . Rue du bout-du-Monde .

Culs-de-Sacs .

13 . Cul-de-Sac S.t Claude .

N.a La Lettre et le chiffre sont placés à l'origine de chaque rue .

N.a La Communauté de S.te Agnès , la Chapelle de la Jussienne et celle de S.t Clair ont été détruites dès le commencement de la révolution .

PLAN DU QUARTIER S.t EUSTACHE.

VUE de l'ÉGLISE SAINT-EUSTACHE en 1789.

VUE INTÉRIEURE de l'ÉGLISE Saint EUSTACHE.

VUE de la HALLE au bled.

VUE de L'HÔTEL de SOISSONS.

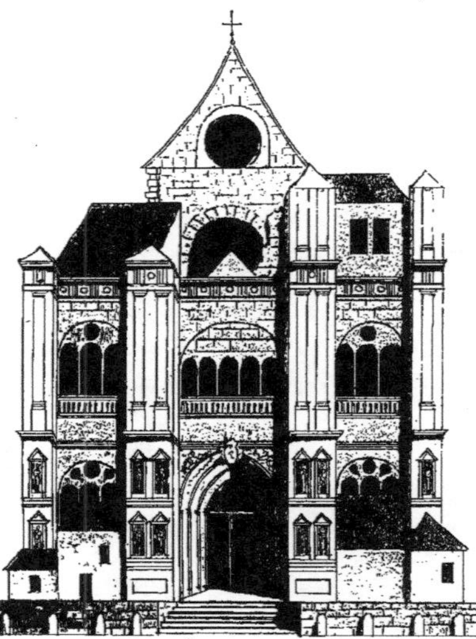

Ancien Portail de St. Eustache.

Portail méridional de St. Eustache.

1. Fontaine des Innocents.
B. Halle aux Draps.
C. Halle aux Viandes.
D. Boucherie de Beauvais.

Rues Longitudinales.

a Rue de la Tonnellerie.
b Rue Le Noir. *
c Rue de la Lingerie.
d Rue de la Fromagerie.
e Rue Jean de Beausse.
f Rue des Potiers d'Etain.
g Rue de Mondetour.
h Rue de la Réale.
i Rue Verdelet.
k Rue Comtesse d'Artois.
l Rue de la pointe St Eustache.

* C'est par erreur que, dans le Quartier précédent, on a indiqué une rue sous ce nom. elle s'appelle rue de Calanne.

Rues Transversales.

1 Rue au Lard.
2 Rue de la Poterie.
3 Rue de la petite Friperie.
4 Rue de la grande Friperie.
5 Rue de la Cordonnerie.
6 Rue aux Fers.
7 Rue de la Cossonnerie.
8 Rue des Prêcheurs.
9 Rue de la Chanverrerie.
10 Petite Rue de la Truanderie.
11 Rue Pirouette ou Tirouane.
12 Rue de la grande Truanderie.
13 Rue du Cigne.

N° La Lettre et le chiffre sont placés à l'origine de chaque rue

PLAN DU QUARTIER DES HALLES.

VUE de L'ÉGLISE et du CIMETIÈRE des SS. INNOCENTS.

VUE des CHARNIERS des SS~INNOCENTS.

VUE de la PLACE des INNOCENTS.

La Chapelle de Villeroy.

La Fontaine des Innocents.

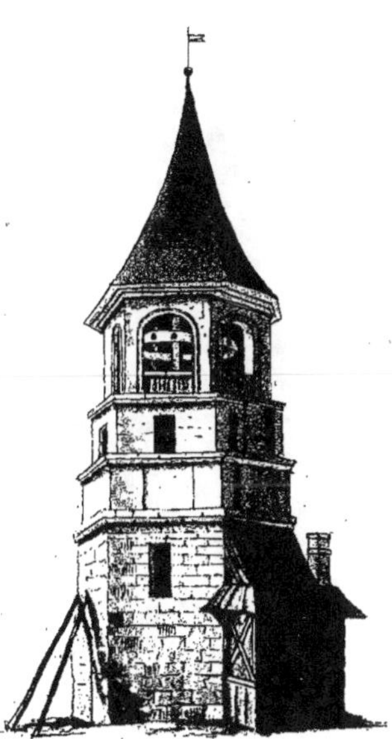

Le Pilori.

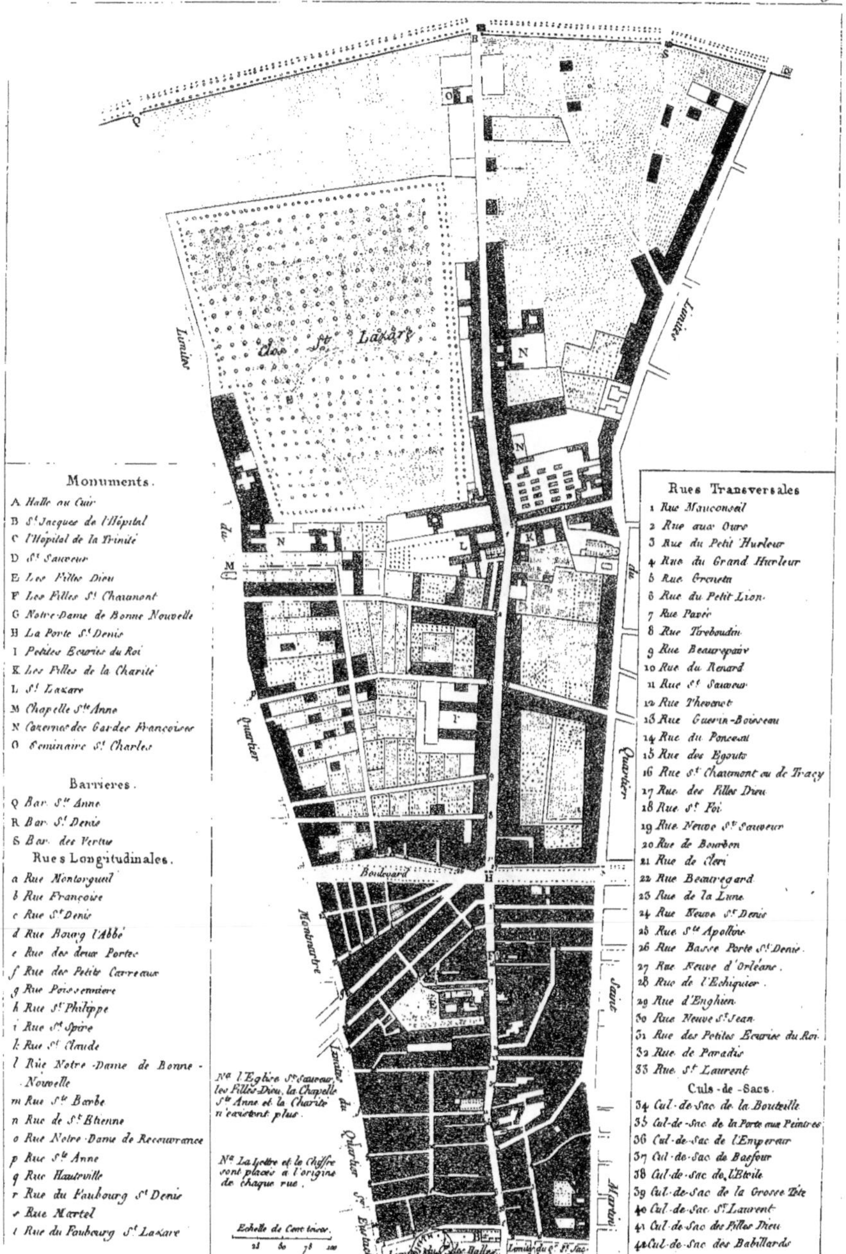
Monuments.
A Halle au Cuir
B S.t Jacques de l'Hôpital
C l'Hôpital de la Trinité
D S.t Sauveur
E Les Filles Dieu
F Les Filles S.t Chaumont
G Notre-Dame de Bonne Nouvelle
H La Porte S.t Denis
I Petites Ecuries du Roi
K Les Filles de la Charité
L S.t Lazare
M Chapelle S.te Anne
N Casernes des Gardes Françoises
O Séminaire S.t Charles
Barrieres.
Q Bar. S.te Anne
R Bar. S.t Denis
S Bar. des Vertus
Rues Longitudinales.
a Rue Montorgueil
b Rue Françoise
c Rue S.t Denis
d Rue Bourg l'Abbé
e Rue des deux Portes
f Rue des Petits Carreaux
g Rue Poissonniere
h Rue S.t Philippe
i Rue S.t Spire
k Rue S.t Claude
l Rue Notre-Dame de Bonne-Nouvelle
m Rue S.te Barbe
n Rue de S.t Etienne
o Rue Notre-Dame de Recouvrance
p Rue S.te Anne
q Rue Hauteville
r Rue du Faubourg S.t Denis
s Rue Martel
t Rue du Faubourg S.t Lazare
Rues Transversales
1 Rue Mauconseil
2 Rue aux Ours
3 Rue du Petit Hurleur
4 Rue du Grand Hurleur
5 Rue Greneta
6 Rue du Petit Lion
7 Rue Pavée
8 Rue Tireboudin
9 Rue Beaurepaire
10 Rue du Renard
11 Rue S.t Sauveur
12 Rue Thevenot
13 Rue Guerin-Boisseau
14 Rue du Ponceau
15 Rue des Egouts
16 Rue S.t Chaumont ou de Tracy
17 Rue des Filles Dieu
18 Rue S.te Foi
19 Rue Neuve S.t Sauveur
20 Rue de Bourbon
21 Rue de Cleri
22 Rue Beauregard
23 Rue de la Lune
24 Rue Neuve S.t Denis
25 Rue S.te Apolline
26 Rue Basse Porte S.t Denis
27 Rue Neuve d'Orléans
28 Rue de l'Echiquier
29 Rue d'Enghien
30 Rue Neuve S.t Jean
31 Rue des Petites Ecuries du Roi
32 Rue de Paradis
33 Rue S.t Laurent
Culs-de-Sacs.
34 Cul-de-Sac de la Bouteille
35 Cul-de-Sac de la Porte aux Peintres
36 Cul-de-Sac de l'Empereur
37 Cul-de-Sac de Basfour
38 Cul-de-Sac de l'Etoile
39 Cul-de-Sac de la Grosse Tête
40 Cul-de-Sac S.t Laurent
41 Cul-de-Sac des Filles Dieu
42 Cul-de-Sac des Babillards
N.a l'Eglise S.t Sauveur, les Filles-Dieu, la Chapelle S.te Anne et la Charité n'existent plus.
N.a La Lettre et le Chiffre sont placés à l'origine de chaque rue.
Echelle de Cent toises
25 50 75 100
Clos S.t Lazare
Limite du Quartier Montmartre
Limite du Quartier S.t Martin
Limite du Q.r des Halles
Limite du Q.r S.t Jacques de la Boucherie
Limite du Quartier S.t Eustache
Limites
Boulevard

PLAN DU QUARTIER SAINT DENIS.

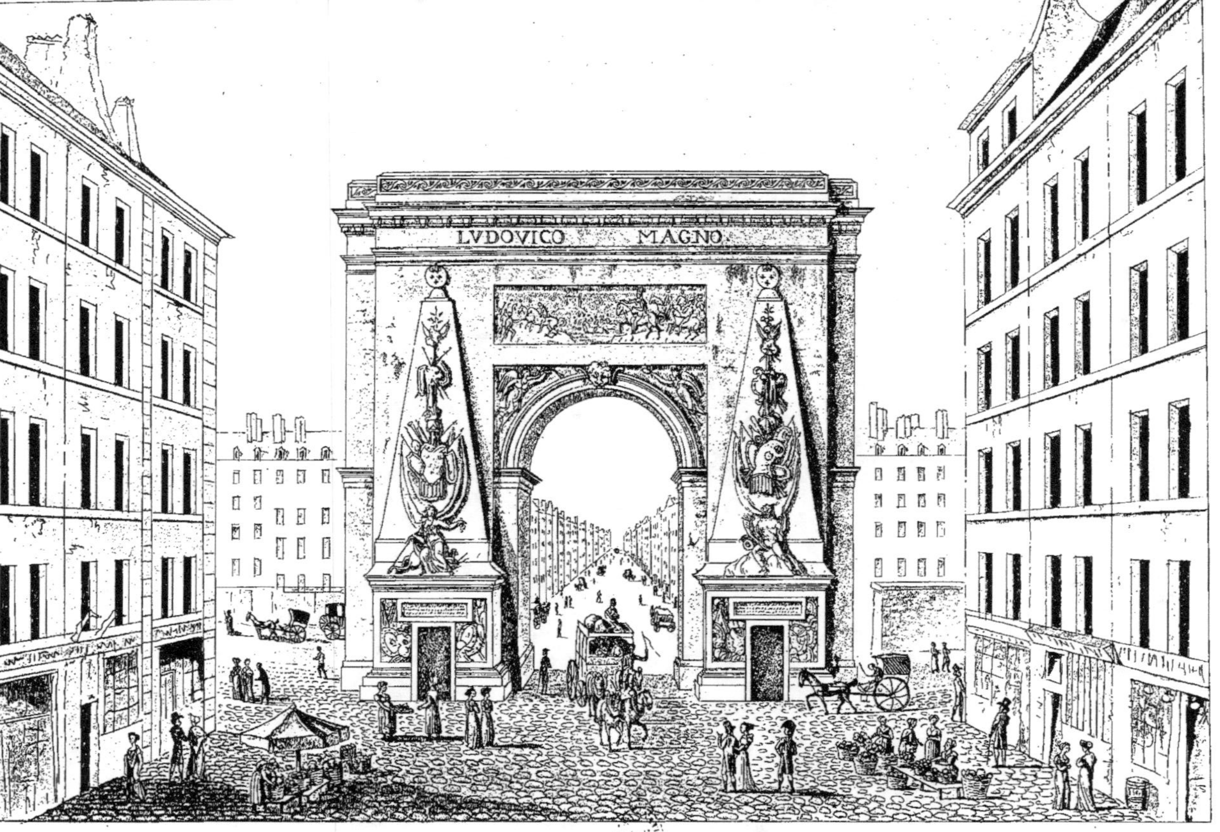

VUE de la PORTE SAINT-DENIS.

Portail de S.t Chaumont.

Portail de la Trinité.

Porte Saint Denis sous CHARLES VI.

Eglise de Saint-Sauveur.

Eglise de Saint Lazare.

St. Jacques de l'Hôpital.

ATLAS
DU TABLEAU HISTORIQUE
ET PITTORESQUE
DE PARIS.

Quatrième Livraison. — Quarante et une planches.

PARIS,

LIBRAIRIE CLASSIQUE-ÉLÉMENTAIRE, CHEZ LESAGE, RUE DU PAON, N° 8.

M.DCCC.XXII.

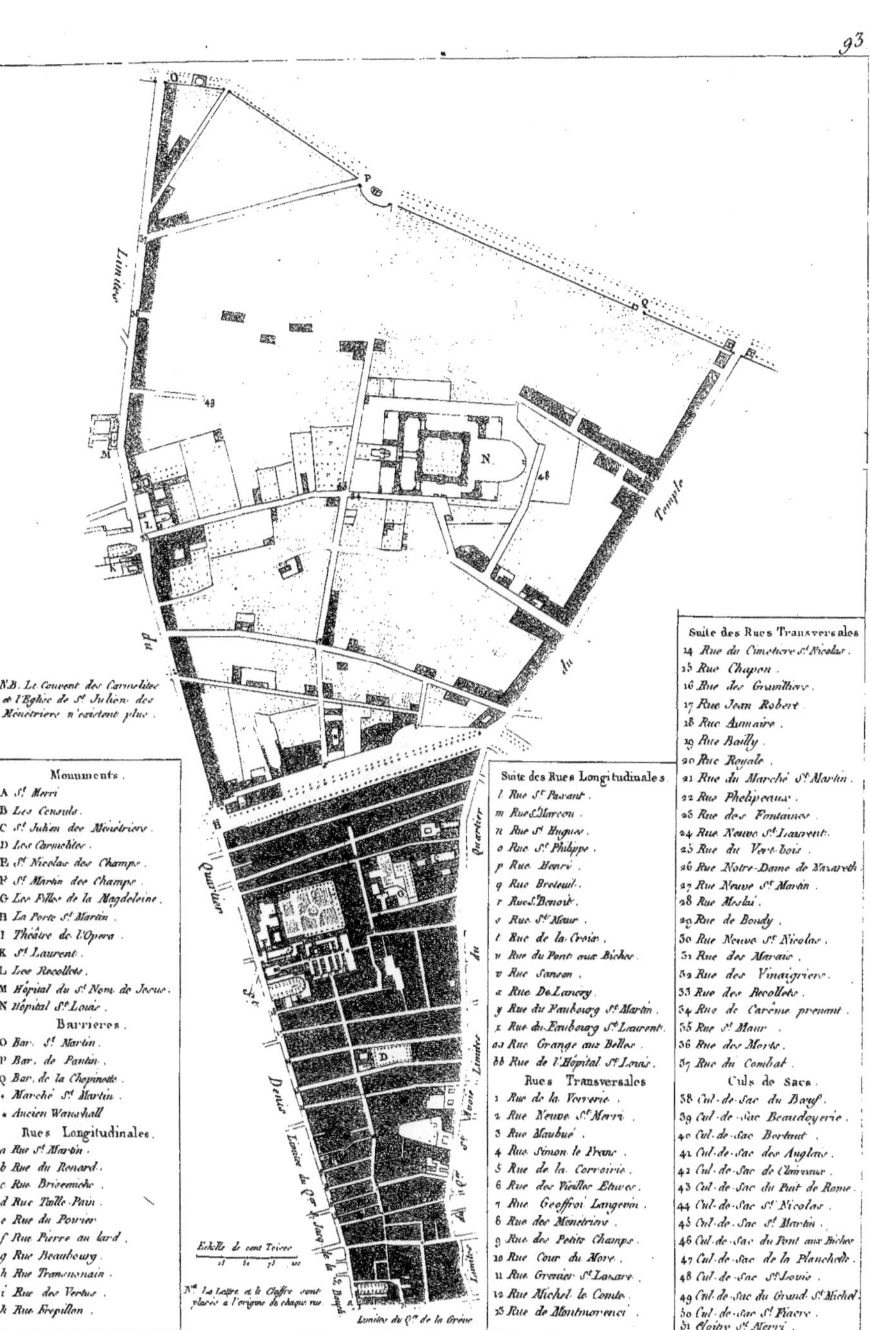

PLAN DU QUARTIER SAINT MARTIN.

VUE EXTÉRIEURE de l'Eglise SAINT ~ MERRI.

VUE EXTÉRIEURE de l'Église ST NICOLAS des-Champs.

VUE EXTÉRIEURE de l'Église SAINT MARTIN des CHAMPS.

VUE DE LA PORTE SAINT MARTIN, (côté de la Ville.)

VUE EXTÉRIEURE de l'Eglise Sᵗ LAURENT.

VUE INTÉRIEURE de L'HÔPITAL SAINT LOUIS.

Ancienne Porte Saint Martin.

Portail Méridional de St Nicolas des Champs.

Eglise de l'Hôpital St Louis.

Portail de l'Opera.

Monuments.

A Hôtel-de-Ville.
B St Jean.
C Chapelle des Haudriettes.
D St Gervais.
E Les Sœurs de la Croix.
F Hôtel de Charni.
G Le St Esprit.
H Chapelle St Bon.
I Arsenal de la Ville.

Places.

K Place de Grève.
L Place Baudoyer.
M Marché St Jean.

Quais.

N Quai Pelletier.
O Quai de la Grève.
P Port au Bled.

Rues Longitudinales.

a Rue Planche Mibrai.
b Rue des Teinturiers.
c Rue des Haudriettes.
d Rue Pernelle.
e Rue des Plumets.
f Rue de Longpont.
g Rue des Barres.

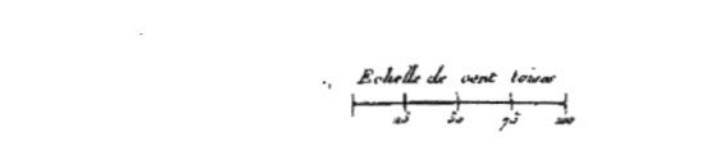

Suite des Rues Longitudinales.

h Rue Renaud le Fevre.
i Rue des Mauvais Garcons.
k Rue des deux Portes.
l Rue du Coq.
m Rue des Coquilles.
n Rue de la Poterie.
o Rue St Bon.
p Rue des Arcis.
q Rue de la Tâcherie.
r Rue de la Coutellerie.
s Rue Jean de l'Epine.
t Rue du Mouton.
u Rue des Vieilles Garnisons.
v Rue du Pet au Diable.
x Rue de la Levrette.
y Rue Simon-Finet.

Rues Transversales.

1 Rue de la Tannerie.
2 Rue de la Vannerie.
3 Rue Jean Pain-Mollet.
4 Rue de la Lanterne.
5 Rue de la Tisseranderie.
6 Rue de Berci.
7 Rue Grenier sur l'eau.
8 Rue du Pourtour.
9 Rue du Monceau St Gervais.
10 Rue du Martrois.
11 Rue de la Mortellerie.

Culs-de-Sacs.

12 Cul-de-Sac St Benoist.
13 Cul-de-Sac St Faron.

PLAN DU QUARTIER DE LA GRÉVE.

VUE de l'HOTEL de VILLE.

VUE EXTÉRIEURE de l'Église SAINT GERVAIS.

Vue intérieure de l'Hôtel de Ville.

St Jean en Grève.

Monuments.

A *Les Filles de l'Ave Maria.*
B *S.t Paul.*
C *Les Célestins.*
D *Le Grand Arsenal.*
E *Le Petit Arsenal.*

Quais.

F *Quai des Ormes.*
G *Quai S.t Paul.*
H *Quai des Célestins.*

Hôtels.

I *Hôtel de Fourci.*
K *Hôtel d'Aumont.*
L *Hôtel de Beauvais.*
M *Hôtel de Sens.*

Rues Longitudinales.

a Rue Geoffroi l'Asnier.
b Rue du Paon blanc.
c Rue de la Masure.
d Rue des Nonaindieres.
e Rue de l'Etoile.
f Rue S.t Paul.
g Rue du petit Musc.
h Rue de Lesdiguières.
i Rue Beautreillis.

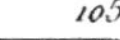

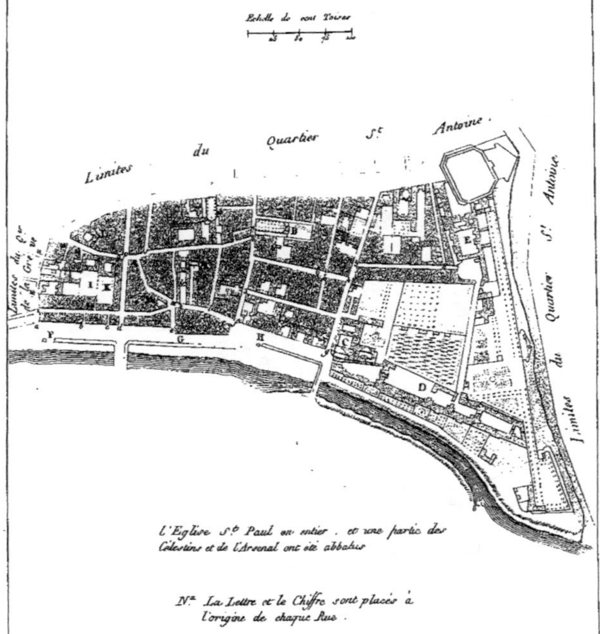

Suite des Rues Longitudinales.

k Rue Gerard-Boquet.
l Rue des Jardins.
m Rue du Fauconnier.
n Rue du Figuier.
o Rue Percée.
p Rue de Fourci.

Rues Transversales

1 *Rue de la Mortellerie.*
2 *Rue des Barrés.*
3 *Rue des Lions.*
4 *Rue des trois Pistolets.*
5 *Rue de la Cerisaie.*
6 *Rue Neuve S.t Paul.*
7 *Rue Neuve S.te Anastase.*
8 *Rue des Prêtres S.t Paul.*
9 *Rue de Joui.*

Culs-de-Sacs.

10 *Cul-de-Sac Putigneux.*
11 *Cul-de-Sac Putigno.*
12 *Cul-de-Sac Guépine.*
13 *Cul-de-Sac de Fourci.*
14 *Cul-de-Sac d'Aumont.*
15 *Cul-de-Sac des Jésuites.*
16 *Cul-de-Sac S.t Paul.*

PLAN DU QUARTIER S.T PAUL OU DE LA MORTELLERIE.

VUE EXTÉRIEURE de l'Eglise SAINT PAUL.

VUE EXTÉRIEURE des CÉLESTINS.

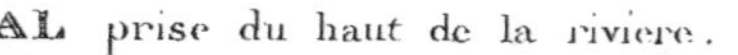

VUE DE L'ARSENAL prise du haut de la rivière.

VUE EXTÉRIEURE de l'Hôtel DE SENS.

Monuments.

A Les Billettes.
B Ste Croix de la Brétonnerie.
C St Avoye.
D La Merci.
E Les Blancs Manteaux.
F Le Mont de Piété.

Hôtels.

G Hôtel d'Argouges.
H Hôtel de la Tremouille.
I Hôtel de Mesme.
K Hôtel de Beauvilliers.
L Hôtel de Caumartin.
M Hôtel de Soubise.
N Hôtel de Strasbourg.

Rues Longitudinales.

a Rue Barre-du-Bec.
b Rue des Billettes.
c Rue de Moussi.
d Rue Bourg-Thiboud.
e Rue des Singes.
f Rue du Puits.

Suite des Rues Longitudinales

g Rue de l'Homme Armé
h Rue St Avoye.
i Rue du Chaume.

Rues Transversales.

1 Rue de la Verrerie
2 Rue de la Croix Blanche.
3 Rue Ste Croix de la Brétonnerie
4 Rue du Plâtre.
5 Rue des Blancs Manteaux.
6 Rue de Paradis.
7 Rue de Braque.

8 Cul-de-Sac Péguai.

Ste Croix de la Brétonnerie, la Merci
et St Avoye ont été détruite.

Echelle de cent toises.
25 50 75 100

Na. La Lettre et le chiffre sont placés
à l'origine de chaque rue.

PLAN DU QUARTIER SAINTE AVOYE

VUE INTÉRIEURE de l'Église des BLANCS ~ MANTEAUX.

VUE INTÉRIEURE de l'Hôtel de SOUBISE.

Portail de l'Eglise des Billettes.

Portail de l'Eglise de la Merci.

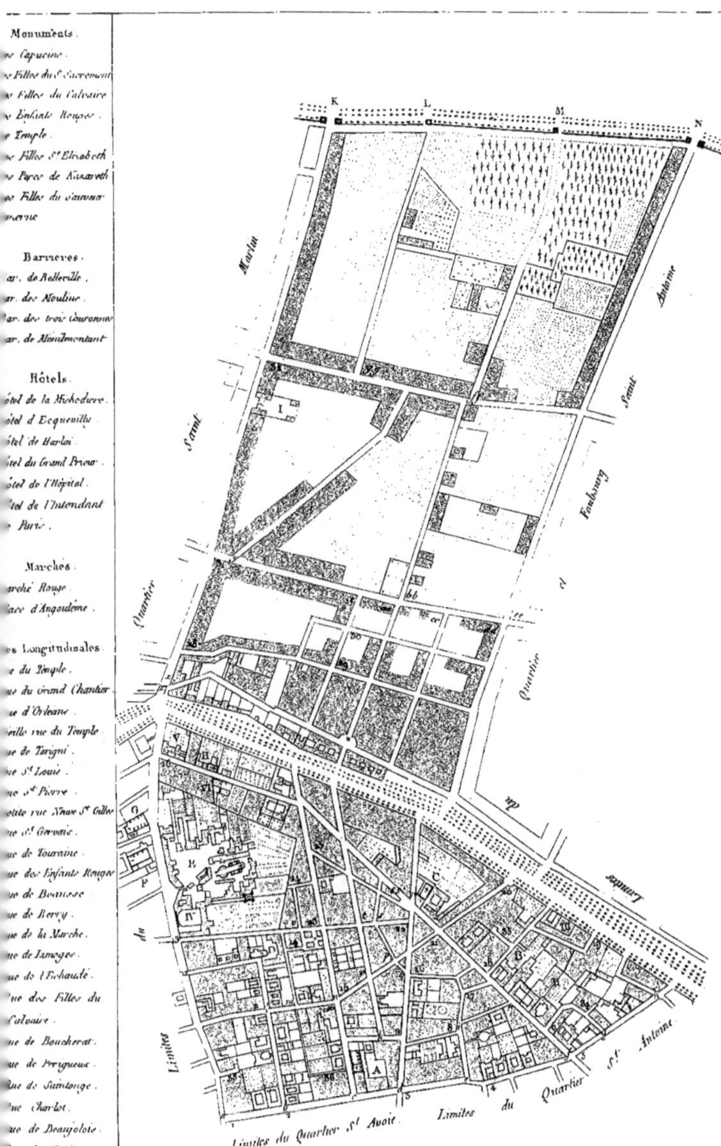

PLAN DU QUARTIER DU TEMPLE ou DU MARAIS.

VUE EXTÉRIEURE du TEMPLE.

VUE EXTÉRIEURE de L'HÔTEL du GRAND PRIEUR.

Église du Temple.

Les Filles du Calvaire.

Les Filles Ste Elisabeth.

Monuments
Les Chanoines réguliers.
es Filles de la Visitation.
a Bastille.
es Filles de la Croix.
Ste Catherine du Val.
Petit S. Antoine.
es Filles S. Gervais.
es Annonciades célestes.
es Minimes.
es Hospitalieres.
es Annonciades du S. Esprit.
es Enfans trouvés.
es Filles Anglaises.
es Quinze Vingts.

Place.
Place Royale.

Prisons.
a Force.
a Petite Force.

Hôtels.
ôtel d'Ormesson.
ôtel de Guemené.
ôtel Turgot.
ôtel Nicolaï.
ôtel d'Herbouville.
ôtel d'Argenson.
ôtel Pelletier.
ôtel d'Albret.
ôtel de Lamoignon.
ôtel d'Estrées.
ôtel de Carnavalet.
ôtel de Montalembert.
ôtel de Gournai.
ôtel de Mortagne.

es Longitudinales.
ieille rue du Temple.
ue Cloche Perce
e Tiron.
ue des Balets.
ue de la Culture.
St Catherine.

Suite des Rues Longitudinales
f Rue de l'Egout St Catherine.
g Rue Royale.
h Rue des Tournelles.
i Rue Jean Beausire.
k Rue de la Planchette.
l Rue des Filles Anglaises.
m Rue S. Nicolas.
n Rue Traversiere.
o Rue de la Roquette.
p Rue Amelot.
q Rue de la Contrescarpe.
r Rue du Chemin Verd.
s Rue des Amandiers.
t Rue S. Sebastien.
u Rue de la Chaussée des Minimes.
v Rue S. Louis.
x Rue Pavée.
y Rue Payenne.
z Rue des 3 Pavillons.
aa Rue des Ecouffes.
bb Rue des Juifs.

Rues Transversales.
1 Rue S. Antoine.
2 Rue du Roi de Sicile.
3 Rue des Rosiers.
4 Rue des Francs Bourg.s
5 Rue Barbette.
6 Rue Neuve Ste Catherine.

Suite des Rues Transversales
7 Rue de l'Escharpe.
8 Rue du Foin.
9 Rue des Minimes.
10 Rue du Pas de la Mule.
11 Rue de Lappe.
12 Rue Daval.
13 Rue de Basfroi.
14 Rue de Popincourt.
15 Rue du bas Popincourt.
16 Petite Rue S. Pierre.
17 Rue S. Pierre.

Culs-de-Sacs.
18 Cul-de-Sac d'Argenson.
19 Cul-de-Sac Coquerel.
20 Cul-de-Sac de Guemené.
21 Cul-de-Sac Jean Beausire
22 Cul-de-Sac de la Roquette.
23 Cul-de-Sac S. Sebastien.
24 Cul-de-Sac des Hospitalieres

Na. Le Couvent des Annonciades Célestes, Sainte Catherine du Val des Ecoliers, l'Eglise des Minimes et la Bastille ont été détruits.

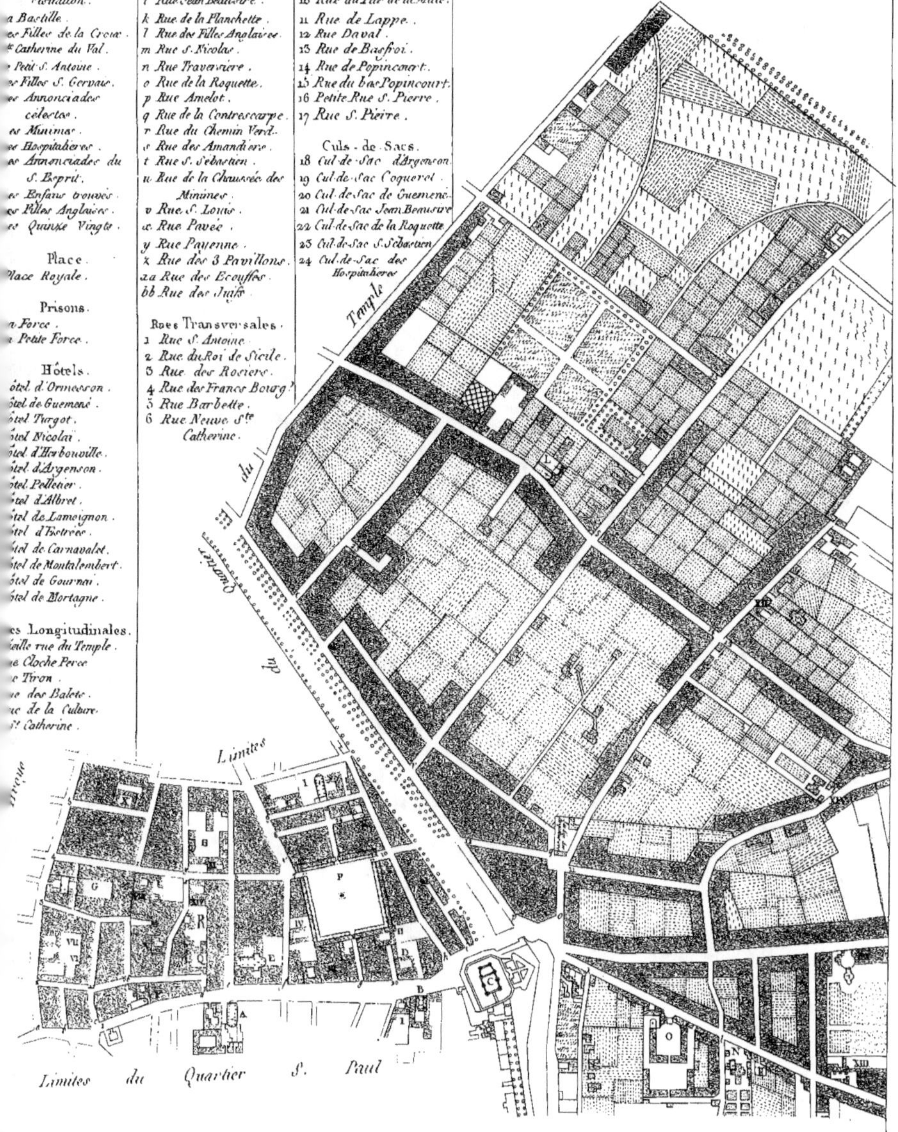

N.a La Lettre et le Chiffre sont placés à l'origine de chaque rue.

PLAN DU QUARTIER S.T ANTOINE (Première partie, côté occidental.)

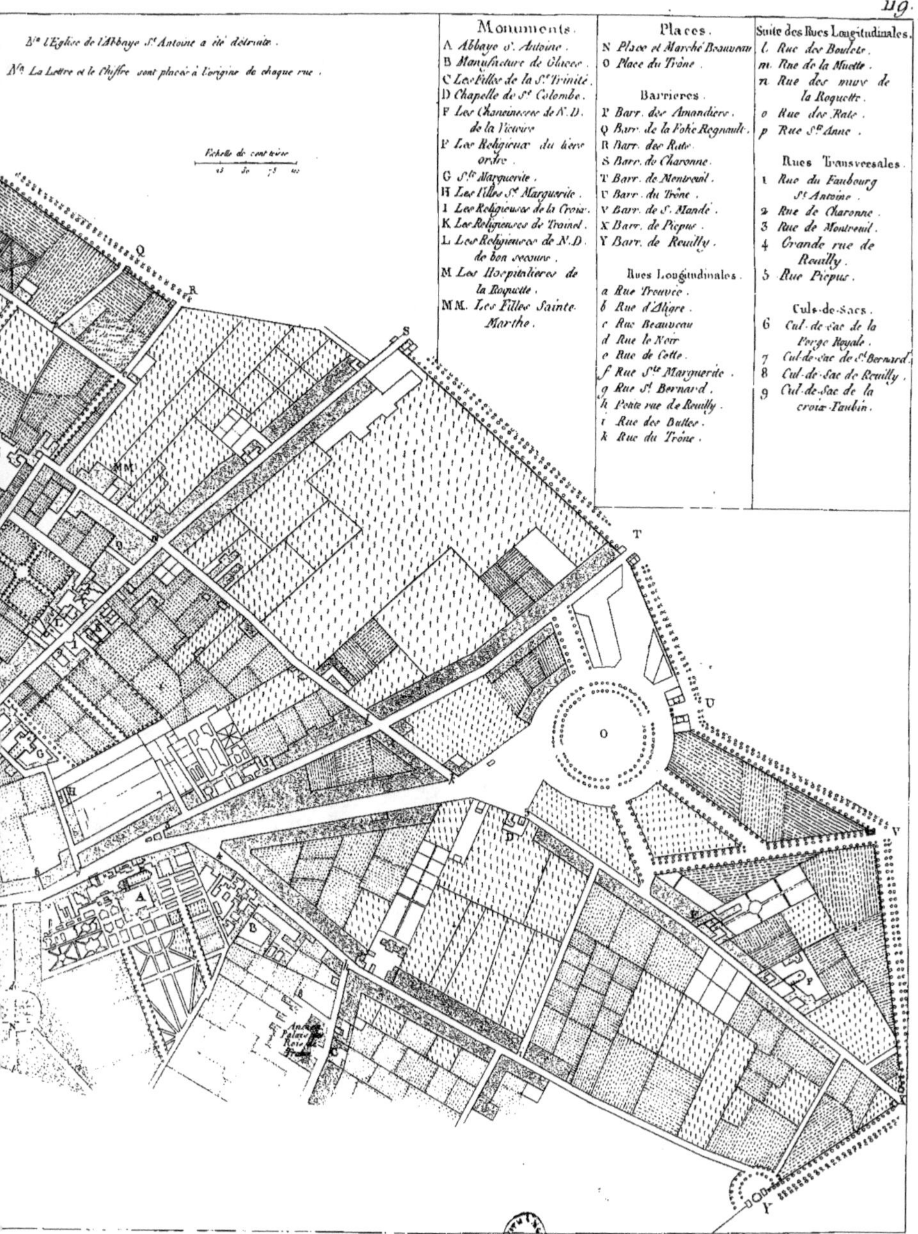

PLAN DU QUARTIER St ANTOINE. (Deuxième partie côté oriental)

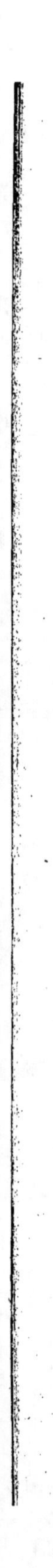

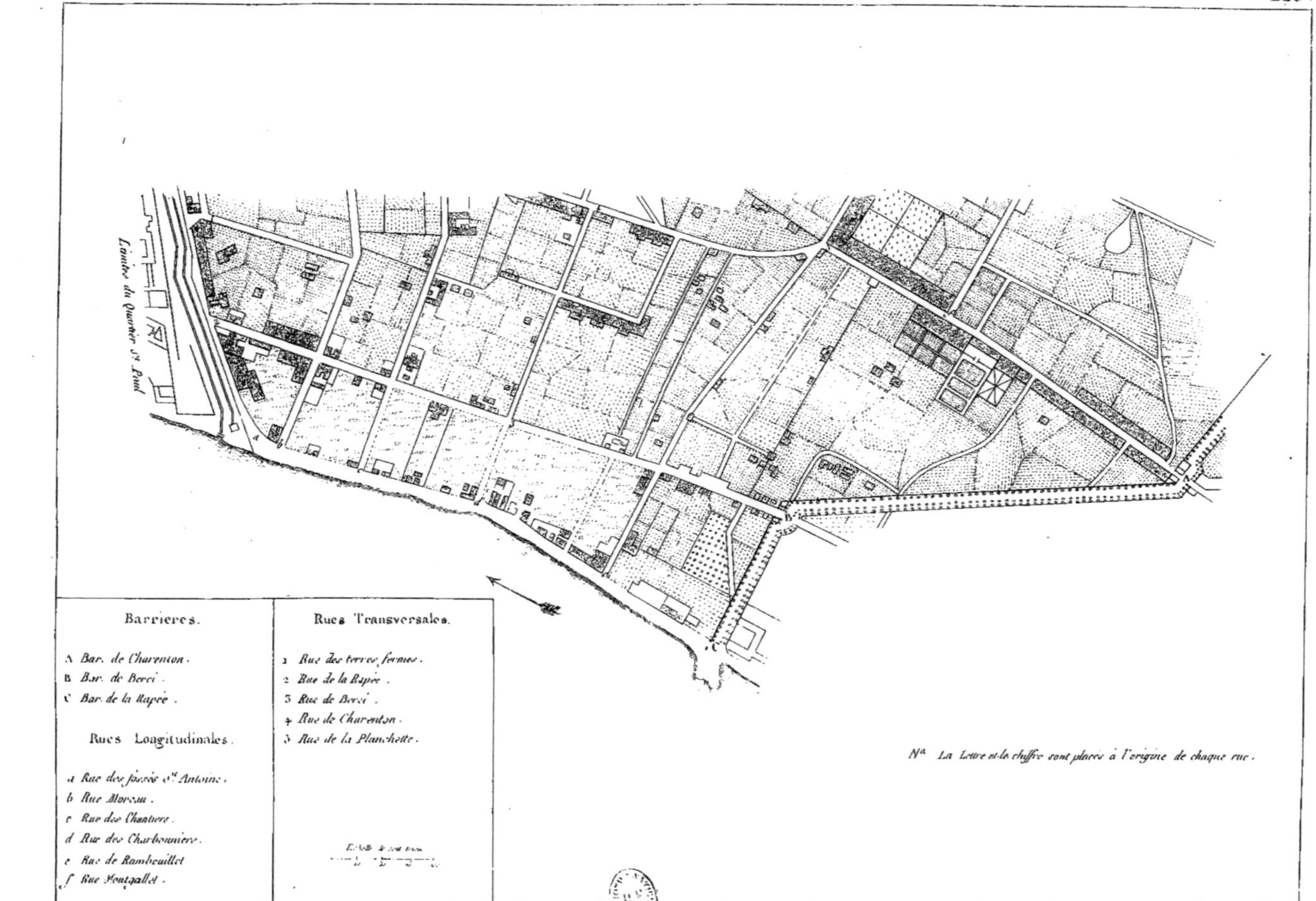

Limite du Quartier S.t Paul
120.

Barrieres.
A   Bar. de Charenton.
B   Bar. de Berci.
C   Bar. de la Rapée.

Rues Longitudinales.
a   Rue des fossés S.t Antoine.
b   Rue Moreau.
c   Rue des Chantiers.
d   Rue des Charbonniere.
e   Rue de Rambouillet.
f   Rue Montgallet.

Rues Transversales.
1   Rue des terres fermes.
2   Rue de la Rapée.
3   Rue de Berci.
4   Rue de Charenton.
5   Rue de la Planchette.

N.a La Lettre et le chiffre sont placés à l'origine de chaque rue.

VUE EXTÉRIEURE de l'Église St LOUIS (ci-devant des Jésuites.)

VUE INTÉRIEURE de l'Eglise St. LOUIS (ci-devant des Jésuites.)

VUE INTÉRIEURE du CLOÎTRE de Sᵗᵉ CATHERINE du Val-des-Écoliers.

VUE de la PLACE ROYALE.

VUE DE LA PORTE St ANTOINE. (côté du Faubourg)

VUE EXTÉRIEURE de l'Hôtel S.^T POL, du côté du Jardin.

VUE des BOULEVARDS prise du THÉÂTRE ITALIEN jusqu'à leur extrémité Occidentale .

Statue Equestre de LOUIS XIII.

Porte du Temple sous Charles VI.   *Porte St Antoine sous Charles VI.*

L'Abbaye S.t Antoine

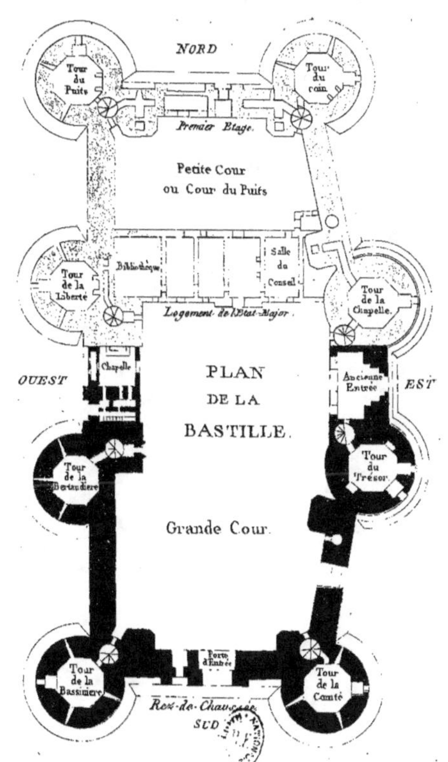

Portail de S.te Catherine
du Val des Écoliers.

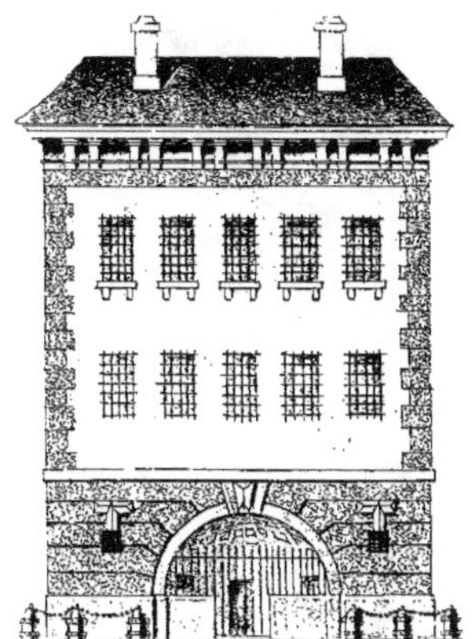

Façade de la Petite Force

Les Minimes.

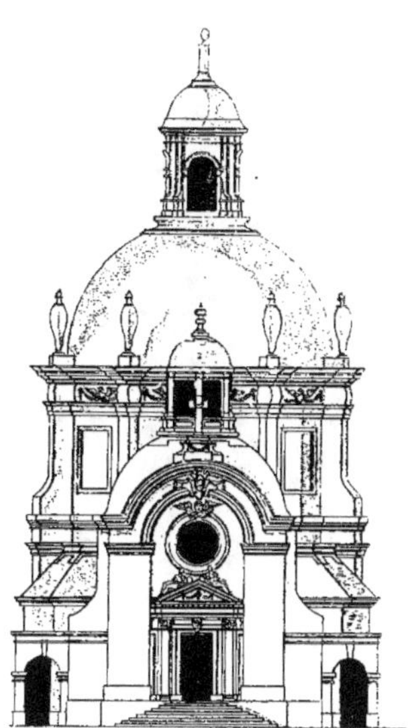

Les Filles S.te Marie.

PLANCHES

CONTENUES DANS LA QUATRIEME LIVRAISON.

<table>
<tr><td>

93. — Plan du quartier Saint-Martin.
94. — L'Eglise Saint-Merri.
95. — L'Eglise Saint-Nicolas-des-Champs.
96. — L'Eglise Saint-Martin-des-Champs.
97. — La Porte Saint-Martin.
98. — L'Eglise Saint-Laurent.
99. — L'Hôpital Saint-Louis.
100. { Portail de Saint-Nicolas-des-Champs. / Portail de l'Opéra. / Eglise de l'Hôpital Saint-Louis.
101. — Plan du quartier de la Grève.
102. — L'Hôtel-de-Ville.
103. — L'Eglise Saint-Gervais.
104. { Saint-Jean-en-Grève. / Façade intérieure de l'Hôtel-de-Ville.
105. — Plan du quartier Saint-Paul.
106. — L'Eglise Saint-Paul.
107. — Les Célestins.
108. — L'Arsenal.
109. — L'Hôtel de Sens.
110. — Plan du quartier Sainte-Avoie.
111. — L'Eglise des Blancs-Manteaux.
112. — L'Hôtel de Soubise.
113. { Portail de l'église de la Merci. / Portail des Billettes.
114. — Plan du quartier du Temple.
115. — Le Temple.

</td><td>

116. — L'Hôtel du Grand-Prieur.
117. { L'Eglise du Temple. / Les Filles-du-Calvaire. / Les Filles Sainte-Elisabeth.
118. / 119. / 120. { Plan du quartier Saint-Antoine, première, deuxième et troisième partie.
121. — L'Eglise Saint-Louis. (*Extérieur.*)
122. — *Id.* ————— (*Intérieur.*)
123. — Le Cloître de Sainte-Catherine-du-Val-des-Ecoliers.
124. — La Place Royale.
125. — La Porte Saint-Antoine.
126. — La Bastille.
127. — L'Arc de Triomphe.
128. — L'Hôtel Saint-Pol.
129. — L'Hôtel de Carnavalet.
130. — Le Boulevart Italien.
131. { Statue équestre de Louis XIII. / Porte du Temple sous Charles VI. / Porte Saint-Antoine sous Charles VI.
132. { L'Abbaye Saint-Antoine. / Plan de la Bastille.
133. { Portail de Sainte-Catherine. / La Petite-Force. / Les Minimes. / Les Filles Sainte-Marie.

</td></tr>
</table>

9 782014 453003